西蒙学习法

中小学生高效学习方法

刘金歌 著

清华大学出版社
北京

本书封面贴有清华大学出版社防伪标签，无标签者不得销售。

版权所有，侵权必究。举报：010-62782989，beiqinquan@tup.tsinghua.edu.cn。

图书在版编目（CIP）数据

西蒙学习法：中小学生高效学习方法 / 刘金歌著 . —北京：清华大学出版社，2023.10（2024.12重印）

ISBN 978-7-302-64461-3

Ⅰ.①西… Ⅱ.①刘… Ⅲ.①中小学生－学习方法 Ⅳ.① G632.46

中国国家版本馆 CIP 数据核字 (2023) 第 153797 号

责任编辑：	张立红
封面设计：	蔡小波
版式设计：	方加青
责任校对：	卢 嫣　王 奕
责任印制：	丛怀宇

出版发行：清华大学出版社

网　　址：https://www.tup.com.cn，https://www.wqxuetang.com
地　　址：北京清华大学学研大厦A座　　邮　　编：100084
社 总 机：010-83470000　　邮　　购：010-62786544
投稿与读者服务：010-62776969，c-service@tup.tsinghua.edu.cn
质 量 反 馈：010-62772015，zhiliang@tup.tsinghua.edu.cn

印 装 者：三河市东方印刷有限公司
经　　销：全国新华书店
开　　本：148mm×210mm　　印　　张：8.5　　字　　数：205千字
版　　次：2023年10月第1版　　印　　次：2024年12月第4次印刷
定　　价：69.80元

————————————————————————————————

产品编号：101667-01

前言

春末夏初，草莓成熟的季节，在美国华盛顿岛上，一个大约5岁的小男孩和小伙伴们相约一起去摘草莓。不一会儿的工夫，其他小朋友们就装满了好几桶草莓，但小男孩的桶里只有几颗。为什么呢？因为别的小朋友都能很容易地分辨出草莓和叶子，小男孩却无法做到。也就是在这个时候，小男孩才知道草莓是红色的，叶子是绿色的。是的，他才发现：自己竟然是个色盲！

这个分辨不出颜色的小男孩长大后考入了芝加哥大学。入学后，同寝室的一位英国文学专业的学生总是嘲笑这个男孩，尤其嘲笑他关于音乐、艺术和文学的品位。这位同学甚至断言：这个男孩一辈子都不可能做出什么有创意的事情。

然而，就是这个男孩，后来出人意料地成了全世界唯一同时获得诺贝尔奖和图灵奖的学界泰斗。最难得的是，他不只在一个领域深耕，他涉猎广泛，研究涉及经济学、政治学、管理学、社会学、认知心理学、运筹学、计算机科学、认知科学、人工智能等领域，并在这些领域都作出了突破性的贡献。他被誉为"人工智能之父""20世纪科学界的通才"。他就是跨界科学家——赫伯特·亚历山大·西蒙 (Herbert Alexander Simon，1916–2001)。

很多同学都认为像西蒙这样能获得诺贝尔奖的科学家都是天才。其实并非如此，西蒙也有自己的短板，但难得的是，他有正确的学习方法，也正是好的学习方法让他最终能够学有所成。

◆ 西蒙学习法

"西蒙学习法"是指西蒙经过科学研究而提出的一个学习方法论：对于一个有一定基础的人来说，只要肯下功夫，在6个月内就可以学会一门学问。

西蒙的研究成果表明：一个人1分钟到1分半钟可以记忆一条信息。在心理学研究中，这样的一条信息被称为"块"，一门学问所包含的信息量大约是5万块，如果1分钟能记忆1块，那么记忆5万块大约需要1000个小时，以每天学习6个小时计算，要掌握一门学问大约需要用6个月。为了感谢西蒙的这个研究成果，教育心理学界把这种集中速学的学习方法称为"西蒙学习法"。

西蒙学习法的本质是力量在时间上的积累效应。也就是说，越集中精力花大力气学习，学习持续累积的时间越长，学习效果也就越好。这也是短时间内集中力量学会一门新知识的秘诀。它的高效原理在于：连续的长时间学习本身就包含对之前学习内容的应用，这样就节省了大量的复习时间。

不论是中小学生还是陪读的家长，抑或是终身学习者都应该了解并熟练使用西蒙学习法。西蒙学习法能让我们做到速学、自学、跨界学习，也能让我们用有限的时间突破更多学科和领域。只有掌握西蒙学习法的精髓，才能制定合理的学习策略，节约时间成本。

◆ 西蒙学习法让我的教学生涯开挂

十多年前，我刚从教的时候，总会遇到几个来找校长或者老师"算账"的家长。他们的问题是"我们家孩子都学了一年了，怎么进步这么慢？一年只学两本教材，还有很多不会的！"。有的家长

前 言

甚至连问都不问，觉得既然学无所成，肯定是老师的问题。

这些问题其实并不是老师的错。如果孩子课后不及时复习，再上课时，大多知识就都已经忘了。老师看孩子都忘了，又会花费很多时间进行复习，讲新知识的时间就少了，导致整体进度很慢，学习效果也不好。

为了提高班上孩子的学习成绩，我想了一个好办法：留作业，让孩子每天必须复习30分钟。另外，还要求孩子每周都给我打一个电话，复述上节课学过的内容。那时候网络还没有现在这么发达，没有智能手机，没有微信，更没有录视频打卡这种方式。

凡是给我打电话的孩子在下次上课的时候我都表扬和奖励。孩子就更爱给我打电话了。电话里复述得好的小朋友我会要求他们继续预习，下周请他们当小班长在班上领读，以此增加他们的成就感和学习动力。就这样，我班上孩子的成绩普遍越来越好。

那时候初入教育行业的我，还不知道这个世界上有两位大师，一位叫费曼，另一位叫西蒙。后来我才知道，幸运的我同时运用了这两位大师的学习方法。让孩子复述学过的知识是费曼学习法，持续不断地学习是西蒙学习法。

作为一名一线老师，我研究"学习"这个主题已经十多年了。我仔细观察过上千个孩子在幼儿园、学校、生活场所是怎样学习的。我阅读了成百上千篇关于学习方法的研究报告和上百本关于教育和脑科学的书籍。对于那些成绩显著好的孩子，我观察他们的方法，并亲自请教他们的父母。

我见过不少天生智商高，后来因为没有持续付出而越来越平凡的孩子。我也见过一些智力平平，通过正确的方法逆袭成超级学霸的孩子。我见过只考12分的孩子，通过使用正确的学习方法，一年后考到了满分；我见过厌学的孩子，通过使用积极心理学方法而

III

重拾信心和学习热情；我也见过偏科严重的孩子，通过合理的引导，爱上了之前并不擅长的学科。

当然，我还见过一大批使用错误方法引导孩子学习的父母，甚至有些高学历的父母也陷入了陪读误区，导致孩子厌学，成绩也因此越来越差。

通过实践教学和研究总结，我得出了两条意想不到的结论，现在我想和你分享。

第一条是：绝大多数同学都为学习不好找错了原因。

很多同学不明白自己为什么学不好。比如，有的同学说他的数学很好，但语文、英语十分糟糕，原因是"这是天生的，我没有学语言的天赋"。但事实并非如此，而是他们用错了学习方法。

第二条是：人人都能成为学霸。

当然，首先你要放下之前"学不好"的错误认知，开启这本书的阅读。

欢迎大家关注我的公众号"西蒙学习法"，在那里我们可以继续交流。

◆ 内容简介

本书从中小学生经常遇见的60种学习场景入手，将西蒙学习法的具体实施步骤应用到孩子的学习和生活中。这些场景都是我在教学过程中亲身经历的、最有代表性的真实案例，涵盖了目前中小学生和家长们在学习中所遇到的大多数困难和挑战。

在西蒙学习法具体实施步骤中，我们还需要很多更细致的操作方法来达成短时间内学会新知识的目标。本书介绍了60种学习方案和脑科学、心理学原理，帮助大家高效达成学习目标。

本书一共12章，将西蒙学习法分为上下两篇：上篇分为6章，详解西蒙学习法的本质、精髓和具体的实施步骤；下篇分为 6 章，详解西蒙学习法在中小学生的学习场景中的应用。

◆ 本书的读者对象

- 想取得好成绩的学生
- 想帮助孩子规划学霸成长路线图的家长
- 想通过边学习边工作成为职场精英的人

目 录

第1章 西蒙：六个月学会一门新知识 /1

1.1 初次见面：诺贝尔获得者西蒙的故事 /2
1.2 学习秘诀：西蒙学习法 /5
1.3 自学成才：用西蒙学习法学会自学 /9
1.4 学习真相：持续学习，脑力会耗尽吗 /13
1.5 取其精华：适合中小学生的西蒙学习法 /15

第2章 选择：有的放矢才能重点突破 /17

2.1 认清自己：每个人的起点都不同 /18
2.2 拒绝偏科：文科脑和理科脑 /22
2.3 救救差生：厌学这件大事 /27
2.4 抵制诱惑：孩子总是玩游戏怎么办 /33
2.5 学会取舍：兴趣班怎么选 /39

第3章 目标：学习不仅仅是为了100分 /45

3.1 理清思路：怎样设立学习目标 /46
3.2 短期目标：满分是我的最爱 /50
3.3 长期目标：除了考试，我们还要终身学习 /54
3.4 逆努力法：蜗牛型孩子的逆袭秘诀 /59

3.5 长期主义：让学习有始有终 /62

第4章 拆分：把学习分解成最小单位 /67

4.1 简化计划：越简单的计划越有效 /68
4.2 搭建组块：压缩知识，为大脑节能 /71
4.3 帕累托法：用有限的时间学重要的内容 /74
4.4 思维导图：打造一个有活力的知识库 /80
4.5 闭环学习：每日精进的三件法宝 /84

第5章 专注：集中精力，让学习效率倍增 /93

5.1 西蒙之见：有关专注力的问题是个世界难题 /94
5.2 投喂专注：吃对饭，也能提高专注力 /96
5.3 刻意专注：一个有战斗力的番茄 /100
5.4 刺激专注：有趣的专注力仪式 /105
5.5 延长专注：驾驭大脑里那头野兽 /108

第6章 技巧：四两拨千斤的学习方法 /113

6.1 刻意练习：西蒙的十年定律 /114
6.2 积极输出：费曼学习法 /119
6.3 高效阅读："SQ3R"学习法 /123
6.4 知识浸泡：沉浸式学习法 /127
6.5 顶级认知：学习的金字塔原理 /132

第7章 改变：重塑学习脑 /139

7.1 神经元说：学霸不是天生的 /140
7.2 行动兴奋：怎样提起学习的干劲 /143

目 录

7.3 发散思维：了解大脑的工作方式 /145

7.4 赢在体育：运动改变大脑 /148

7.5 别太勤奋：睡眠也是一种学习方式 /152

7.6 脑洞大开：学习方式多种多样 /154

第 8 章 记忆：能学好，往往是因为记得牢 /159

8.1 何为记忆：记忆 3R 和不忘 3F /160

8.2 永久记忆：情绪记忆法 /162

8.3 趣味记忆：房子记忆法 /166

8.4 运用本能：狮子记忆法 /171

8.5 启动创意：你敢打破自己的记忆习惯吗？ /174

第 9 章 觉醒：在争议中前进 /179

9.1 卡尔·威特：超常教育 /180

9.2 奖励机制：该不该为了奖励而学习 /184

9.3 效率优先：1 万小时定律准吗 /188

9.4 杠杆加速：学习要利用好课堂之外的时间 /192

9.5 是苦是乐：好好学习能让我们更快乐吗 /195

第 10 章 警惕：别用无效学习法 /199

10.1 学而不思：有人只管学习，很少思考策略 /200

10.2 急于求成："快"未必是件好事 /205

10.3 本末倒置：忽视课本的基础原理 /207

10.4 莫忘初心：你的主题是学习 /209

10.5 自我否定：自责的杀伤力很大 /211

第 11 章　考试：应试是一门学问 /215

  11.1　认识考试：考试的真相 /216
  11.2　考前必做：不打无准备之仗 /219
  11.3　关于刷题：题海战术有用吗？/224
  11.4　应试技巧：颠覆你认知的答题策略 /227
  11.5　临场不乱：如何应对考试中出现的焦虑 /231

第 12 章　卓越：成为学霸的路线规划图 /233

  12.1　揭秘学霸：成为学霸的必要条件 /234
  12.2　启蒙之初："NRS"父母伴读学习法 /238
  12.3　小学阶段：习惯回路让孩子脱胎换骨 /245
  12.4　初中阶段：不一样的青春期 /251
  12.5　高中阶段：全力以赴不留遗憾 /255

后记 /259

第1章

西蒙：六个月学会一门新知识

1.1 初次见面：诺贝尔获得者西蒙的故事

1.1.1 了解西蒙

诺贝尔奖获得者西蒙是 20 世纪的通才，一生获得无数国际重量级奖项，这些奖项横跨经济学、政治学、管理学、心理学、计算机科学等不同领域。大多数科研工作者终其一生，最多只能获得某一个领域的至高荣誉，但是西蒙横跨多个领域，并且都做到了极致。

西蒙同时是耶鲁大学、凯斯工学院、芝加哥大学、加拿大麦吉尔大学、密执安大学、匹兹堡大学、瑞典隆德大学、荷兰经济学院等世界名校的荣誉博士。

西蒙与中国渊源颇深，他曾十次到访中国，与中国学者进行科研交流。他在自传中多次提到了在中国进行学术研究的经历。他喜欢中国人的热情好客，还给自己起了一个中国名字"司马贺"。

然而，西蒙也有自己的短板和烦恼，甚至曾被同学嘲笑。西蒙是个色盲，这个天生的短板导致他不能加入军队，不能做彼时他最钟情的工作。他刚考入芝加哥大学时，寝室里的同学嘲讽他："一辈子都做不出什么有创意的事情。"

但是，后来西蒙获得的科学成就和无数至高荣誉告诉我们：只要愿意学习并且用对方法，任何人都可以取得好成绩。

1.1.2 西蒙的成长背景

1916年，西蒙出生于美国威斯康星州的密尔沃基。西蒙常常说自己有一个严厉的德国父亲和一个开朗的美国母亲。

他的父亲亚瑟·西蒙是一个德国人，于1903年移民到美国，他既是一名工程师，又是一名专利律师。母亲爱德娜·玛格丽特·默克尔是一个美国人，她是一名非常优秀的钢琴教师，经常参加本地的音乐演出。西蒙还有一个哥哥叫克拉伦斯，和他相差5岁。

父亲虽然严厉，但是他并不约束孩子的言论，他鼓励孩子在餐桌前聊天。每到吃饭的时候，父亲虽然表情严肃，但是会让大家各抒己见。政治或者科学经常是一家人席间谈话的主题，这些开放的讨论为西蒙日后研究政治、经济奠定了启蒙基础。

父亲热衷于做手工活，是个小有名气的发明家。西蒙经常在地下室的工作台前给父亲当助手，他喜欢观察父亲做手工的过程。父亲在地下室制成了小区里第一台收音机，还做了帆船模型等很多有创意的东西，西蒙经常在旁边看得目不转睛。一个喜欢琢磨和实干的父亲给了西蒙最好的"身教"，这也是西蒙后来学习任何领域的知识都没有畏难情绪的原因之一。

虽然父亲持有多项专利，但西蒙从来没有问过父亲是怎样发明这些东西的，因为他认为得到答案跟作弊没什么差别。而且，如果父亲告诉他这些东西是怎样发明的，那么发明也就变得没有乐趣了。在西蒙看来，只有靠自己挖掘答案，才能获得学习的乐趣，他绝对不会走"抄答案"的捷径。

西蒙的母亲既温柔，又思想开放，她鼓励孩子自由阅读、发展爱好。西蒙在自传里回忆自己的童年：自己常常蜷缩在爸爸的皮沙发上，10岁就能看懂《谬误的喜剧》(the Comedy of Errors)。

西蒙家的书房里有舅舅和哥哥留下的书籍。因为母亲鼓励西蒙自由阅读，在读书这件事情上，西蒙从小就很有主见，他在选书的时候很少向他人寻求建议。他认为百科全书上有索引，公共图书馆里有卡片目录，非常方便自由查阅。西蒙在童年时自学了经济学、心理学、古代历史、分析几何学、代数以及物理。

我们来分析西蒙的童年轨迹，不难看出西蒙的成长环境非常优越，他有能做到言传身教的父母，家里又有大量的图书资源供他阅读。正如瑞典教育家爱伦·凯所说的那样：环境对一个人的成长起着非常重要的作用，良好的环境是孩子形成正确思想和优秀人格的基础。

1.1.3 从不给阅读设限

西蒙除了读家里的书，还经常去离他家仅三英里的公共图书馆看书和借书。公共图书馆和博物馆恰好都在同一幢大楼里，每到周六，他都会自己步行去图书馆，并顺道参观博物馆。因为去得频繁，博物馆里举行的每一次展览他都知道，对每个展间的展品也了若指掌。上了高中后，西蒙还获得图书馆管理人员的特殊批准，可以自由进入图书馆的科技图书阅览室。

西蒙在自传里回忆童年时提到，自己天不亮就起床读书了。他穿好衣服，跑到半英里外的华盛顿公园散步，然后他会坐在柳树的大枝杈上看书，看完书再回家吃早饭。西蒙既不是被闹钟叫醒的，也不是被家长叫醒的，他是自发起床读书的。因为他热爱读书，觉得书里的内容太有趣了。西蒙说："阅读对我而言不仅是一项爱好，还是我人生的主业，就和吃饭一样，是每天必做的事情。我阅读的书目几乎包罗万象。我对文字的饥渴程度远远超越了我对食物的饥渴。所以，我从不给阅读设限。"

由此可见，阅读在西蒙的学习成长中起着关键作用，他广泛阅读，深度沉浸，从不给阅读设限，在学习生涯中不断进取。

西蒙小时候自由阅读的经历带给家长的启示是：家长一定要给孩子提供充足的图书资源，让孩子有自由读书的空间。虽然别的孩子喜欢的书，自己的孩子不一定喜欢，但是如果家长提供的图书资源足够多，孩子就可以选择自己喜欢的书，逐渐爱上阅读。

1.1.4 实践出真知

除了读书，小时候的西蒙还把周末或者暑假的独处时间大都花在了昆虫收集和鉴定上。他很喜欢甲壳虫，颜色对于昆虫种类鉴别不太重要，所以他没有因为色盲而放弃这个爱好，他经常去密尔沃基附近的小河岸收集昆虫标本。由于西蒙经常去博物馆请昆虫学家鉴定他收集的昆虫标本，所以他在那里认识了很多昆虫学家和昆虫爱好者。

后来，西蒙因为勤学好问，获得了和博物馆里的昆虫学家一起在后台工作的特权。他还担任了博物馆里的小小志愿者，一做就是很多年，这在他的童年回忆中留下了不可磨灭的印象。

1.2 学习秘诀：西蒙学习法

1.2.1 什么是西蒙学习法

"西蒙学习法"是指西蒙教授根据科学研究而提出的一个学习方法论：对于一个有一定基础的人来说，只要真正肯下功夫，他在6个月内就可以掌握任何一门学问。

西蒙的研究成果表明，一个人1分钟到1分半钟可以记忆一条信息。在心理学研究中，这样的一条信息被称为"块"，每一门学问所包含的信息量大约是 5 万块，如果 1 分钟能记忆 1 块，那么记忆 5 万块大约需要 1000 个小时。以每天学习 6 小时计算，要掌握一门学问大约需要用 6 个月。为了感谢西蒙的这个研究成果，教育心理学界把这种集中速学的学习方法命名为"西蒙学习法"。

1.2.2　西蒙学习法的公式

西蒙学习法的科学依据是物理学中的广义动量定理，物理公式如下：

$$Fat=MV$$

式中，F 表示力量，泛指能力、精力、毅力、体力、智力、动力等。

a 表示方向，泛指在何处用力，选择哪门学问。

t 表示时间，泛指学习付出的时间。

M 表示广义的质量，V 表示广义的速度，MV 泛指学习成果。

因此，西蒙学习法的本质是力量在时间上的积累效应。也就是说，越集中精力学习，持续学习的时间越长，学习效果也就越好。这也是短时间内集中力量学习一门新知识的秘诀。如图 1-1 所示。

西蒙学习法也被称为"锥形学习法"。正如居里夫人所说："知识的专一性像锥尖，精力的集中好比是锥子的作用力，时间的连续性好比是不停地使锥子往前推进。"

因此，我把西蒙学习法归纳为如下公式：学有所成 = 集中用力 × 正确的方法 × 持续不断的时间投入。

使用西蒙学习法，在学习过程中会产生一种猛烈、连续的态势。它的高效原理在于连续长时间学习本身就包含对之前所学内容的应用，这样就节省了大量的复习时间。

第 1 章　西蒙：六个月学会一门新知识

图 1-1　西蒙学习法

为了便于理解这种学习方法，我们用"烧水"来打个比方。要烧开一壶水，如果断断续续地烧，烧一会儿就停止加热，一段时间后再继续加热，那么许多热量就白白散失了，这样做 1 万个小时也烧不开水。如果连续烧，10 分钟就能把水烧开。

西蒙学习法就是连续地加热（持续地学习），所以热量散失得少，用的时间少。传统的间断性学习则是间断性烧水，白白浪费很多学习时间。若将两种学习方法作比较，自然是西蒙学习法的学习效果更好。

1.2.3　案例：汉姆生使用西蒙学习法

《华盛顿邮报》报道过一个真实的故事。在得克萨斯州有一个黑人男孩戴维·汉姆生，他双腿残疾。在 17 岁那年，汉姆生下决心要当一名音乐家。然后，他开始使用西蒙学习法学钢琴。

汉姆生每天练习 10 小时，苦学了 1 年钢琴，终于练就了高超的钢琴演奏技能，连音乐家都夸他弹得好。后来，他得了难以治愈

7

的腱鞘炎，就停止了演奏。

接着，汉姆生又决定用西蒙学习法语。他又每天花十多个小时学习法语，只用了两年时间就学完了法语专业的全部课本，最后以法语第一名的成绩考入了康奈尔大学法语系，插班二年级。

汉姆生通过使用西蒙学习法，在短时间内学会了两门学问，这个学习过程让他找到了学习的捷径。他大受鼓舞，又开始主攻考古学。通过持续学习，汉姆生只用了半年时间就学完了大学考古专业4年才能学完的课程。而且他的成绩是当年考古研究生中的第一名，从此跟随著名考古学家怀特·邦德教授学习。

汉姆生是如何做到短时间内学会3门学问的呢？是因为他是天才吗？显然不是。他的学习横跨了音乐、语言、考古3个领域，不可能只靠天赋就能成功。况且，再有天赋的人若没有正确的方法，不付出时间和努力，也无法达成学习目标。

其实，汉姆生学习这些知识所花费的时间并不比专业大学生花费的时间少。

以美国伯克利大学4年制的经济系为例。三年级每周10节课，其中经济学专业课5节，其他课程5节。3节自习课中，经济学专业自习课只有2节。所以经济学专业每周共有7节课，合计8小时，平均每天不到2个小时。而一年365天减去50多个星期日、暑假、寒假、法定假日、其他假日和社会活动等，剩下不到240天，480个小时。如果采用"西蒙学习法"，每天学习10个小时的话，只用50天就可学完大学1年的学习课程，而4年制的大学课程只需200天就可以学完。

既然汉姆生付出了同样多的时间，为什么会比其他学生成绩优异呢？这就不得不说西蒙学习法的优势了。短时间内集中学习、持续积累，相比学校里的传统学习，不仅省去了大量的复习时间，还能将知识理解得更深刻，能学精学尖。

1.3 自学成才：用西蒙学习法学会自学

1.3.1 自学的意义

有这样一个真实的故事：在英国，有一位富有的妈妈去世了，留下了一个30多岁的残疾儿子。他在12岁之前身体是正常的，12岁那年，他患了一场风疹，痊愈后，母亲加强了看护措施，给孩子吃易消化的食物，由专职仆人伺候他，出门他就坐轮椅。日子久了，由于缺少运动，这个儿子的腿部肌肉萎缩，真的离不开轮椅了。他享受残疾人的优待，终于变成了真正的残疾人。

自学能力也是如此，如果得不到锻炼，就会逐渐减弱。孩子在学习的启蒙阶段，需要老师和家长的引领。但是等孩子到了三年级（9岁左右），就不能再把知识掰开、揉碎喂给他们，而是要培养他们的自学能力。

在小学阶段，主动学习和被动学习没有明显差异，但是进入初中以后，随着学科和学习内容的增加，孩子要想提高自己的成绩，就必须培养自学能力。所以，不论学习哪一门学科，我们都应该努力把被动行为化为主动行为。有了输入之后，必须先将学到的知识自行消化、整理，再输出，大脑才会将其视为"重要情报"，转换成长期记忆并储存，在现实生活中活用。学会自学比学什么更重要。

1.3.2 自学让孩子从 60 分到 100 分

张宁妈妈曾经和我讲过张宁的数学成绩从 60 多分提高到满分

的经历。

张宁上初中时数学成绩不理想,为了补差,妈妈给儿子请了3个当地很有名气的老师来当家教,但是都不见效。儿子对她说:"妈妈,您别再给我找数学老师了,我自己找。"

原来,张宁听一个同学说,有个数学老师教得特别好。于是,妈妈跟着张宁来到那位数学老师的家里开始学习。果然,不久之后,张宁的数学成绩好起来了。半年后,张宁甚至在数学期末考试中考了满分。

张宁妈妈有点疑惑:名师给儿子辅导都没能见效,而一位没怎么听说过的数学老师却提高了儿子的数学成绩,到底是为什么?后来,与张宁聊起来,她才知道:在那位数学老师的家里,老师几乎不讲课,也很少讲题。老师只是拿出一份卷子让张宁做,然后根据卷子上出现的错题,告诉他应该看课本上的哪个知识点,最后再出一些类似的题继续让他练习。孩子在那里只是看书和做题。

这位老师的方法好在哪里?显然,他把学习的主动权还给了学生。学习本来就是学生自己的事情,自学的知识才能让学生领悟得更深刻。

再来说说我的英语课堂,在课堂上我要求学生花大量的时间练习听、说、读、写,而语法相对讲得比较少。有些不明教学真相的家长觉得主场应该是老师的,老师要不断地讲干货。殊不知,老师如果一直讲课传授知识,而学生不去练习和消化吸收,只是被动听课,成绩肯定难以提高。

在以老师为中心的学习方法中,老师被当成答案的掌握者,这会让学生对课堂学习产生无助感。学生学不好还很有可能把责任归为老师的指导。同一个老师教的学生,成绩却各有好坏,其根本原因还是自学能力的差距。

语文名师魏书生几乎不讲课，但他的学生的语文水平都很高，高考成绩都非常出色。模范物理教师何文浩几乎不布置课外作业，但他的很多学生都在物理奥赛中拿了大奖，也有很多学生考入清华、北大。

所以，每个学生都应该明白那句老话："师傅领进门，修行靠个人。"因此，学习的主场应该是学生自己，每个人都必须为自己的学习负责。

1.3.3　自学五步法

北京四中流传着一个非常经典的自学案例。老师们发现：学生在物理考试中，只要遇到游标卡尺的题，大概率会出错。其实，游标卡尺这个知识点初中老师讲过，高中老师也讲过，但学生一学就忘。

有位物理老师想到了一个好办法：到了该讲游标卡尺的时候，干脆就不讲了，他给学生每人分配一把游标卡尺，让他们回家后用纸板照着样子做一把。结果，学生亲自动手做过游标卡尺之后，再也忘不了这个知识点了，考试的正确率大大提高。

正所谓"纸上得来终觉浅，绝知此事要躬行"，自学不应该只停留在阅读和方法论上，一定还要亲自实践。我们只有把所学的知识想方设法用起来，它才是属于我们的硬本领。

我把自学归纳为以下五个步骤。

第一步，使用西蒙学习法连续不断地读书，学习新知识。

即使我们没有太多阅历和经验，也可以通过读书学得大量知识，在阅读过程中像西蒙那样，不要给自己的阅读设限，只要我们愿意，就可以涉足任何领域的书籍。

第二步，熟练使用费曼学习法。

费曼学习法是指要把学过的知识用自己的话讲出来。所以，我们要将学过的知识多讲给他人听。教是最好的学，在教别人的过程中，我们自己的能力也会随之大增。

第三步，多实践，熟练使用所学知识。

这就像前文中的老师鼓励学生亲手做"游标卡尺"，这是一个很好的实践。

第四步，做好心理建设，遇到学习瓶颈时从自身找问题。

在自学过程中，一定要明白一个道理：很多知识只学一遍是记不住的，而是需要多次重复。所以不要气馁，要有多次学习和记忆的决心。如果没有学好，那肯定是练习不够，而不是自己能力不足。

第五步，善于归纳和总结。

对于定期归纳和总结，可以选择适合自己的学习方法。如果近期我们的学习效率很高，就把方法总结出来，并且要经常使用。如果我们的学习效率比较低，就找出原因，并加以改进。除了主动学习，每周、每月都要及时做好学习总结。

自学五步法如图 1-2 所示。

图 1-2　自学五步法

1.4 学习真相：持续学习，脑力会耗尽吗

1.4.1 西蒙告诉我们什么是真学习

学习到底是什么？有的同学只把在学校里学课本当作学习，把应试当作学习。其实，真正的学习不仅仅是学课本和应付考试。真正的学习应该是像西蒙那样，既要从阅读中获取知识，又要通过实践得到真知。要有积极的学习动力，愿意终身学习成长、探索未知。

西蒙一生都在学习，他的学习横跨多个领域。在40岁之前，他在很多领域都取得了很高的成就，但他并没有止步于此。40岁以后，他又开始自学计算机，后来成了划时代的"人工智能之父"。

我们每个人都是从出生起就开始了学习，学翻身、爬、走路、说话等。大学毕业工作后，我们即便拿到了学位证书和毕业证，还是要学习各种技能和知识。所以，学习不应该止于学校和书本，学习是要陪伴我们一生的功课。

如果大家想和西蒙一样成为通才，不想做个普通的"工具人"，不满足于未来只靠单一技能谋生，想做一个对自己的命运有掌控力的人，做一个决策者，那么从今天开始，一定要重视学习这件事。我们要从现在起，学会自学，学会选择，学会设立目标，学会拆分知识，学会专注，学会科学使用大脑，学会记忆方法，熟练使用正确的学习的方法，并且还要大量阅读，知行合一。

总之，学习是一件让人充满掌控感的事。只要用对了方法，并持续努力，任何人都可以"学得好"。

1.4.2 反脆弱

李静雯从小就是班里的学霸。她现在上初二，依然保持着年级前三名的好名次。在学习上，她确实非常努力，课上课下都很用

心。有时候，甚至连课间，她都在抓紧时间学习。

她这么勤奋，有的同学看不下去，对她说："静雯，别学了，再这样学下去，会学傻的！"

还有的同学对她说："你为什么要这么努力？把身体累坏怎么办？身体才是最重要的！"

静雯则认为人的大脑没有那么脆弱，是这些同学太脆弱了，他们可能以"怕把脑子学坏了"为借口，在逃避努力。静雯只好跟他们解释说："我在家也经常运动，不会影响身体健康的。而且，我这些年一直保持这样的学习状态，也没学傻呀！"

我们的大脑真的像有些同学想象的那样脆弱吗？像静雯这样持续性学习会把大脑累坏吗？西蒙学习法需要时间高度集中，精力高度集中。确实有同学会产生疑问：频繁地使用大脑，会不会用脑过度呢？

1.4.3 关于脑力

脑科学家的研究表明，大脑是由150亿个神经元组成的，每个神经元可以接受几千种不同的信息。科学家把大脑比作一个巨大的图书馆，并形容它可以储存相当于一个人读了300万年书所接受的信息量。所以大脑可以被开发利用的潜能非常大，完全不用担心它会因为集中使用而衰竭。

再来看看有关记忆力的研究：假如一个人35岁前的记忆力是100%，那么他36岁至60岁的记忆力是95%，60岁至85岁的记忆力大概从85%下降至80%。也就是说，虽然我们的记忆力会减退，但是退化的并不多，而且理解能力的加深和经验的增多还能弥补这个缺陷。

由此看来，大脑比我们想象中的强大多了，它能承载的知识和信息量是巨大的。使用西蒙学习法持续性学习，脑力不仅不会被消耗，大脑反而还会越用越灵活。

另外，不论哪个年龄段的人都具备学习的能力，只要我们想学习并且从此刻开始行动，我们就可以利用大脑的潜力学好任何学科。

1.5 取其精华：适合中小学生的西蒙学习法

1.5.1 我能用 6 个月学会一门新知识吗

可能有的同学看到西蒙学习法中"6 个月学会一门新知识"的原理，会提出疑问：作为中小学生，6 个月真的能学会一门新知识吗？

答案是：当然能。但是要取决于我们的时间安排，要能保证每天有 6 个小时的时间来学习我们想要学会的这门学问。

可是每天要抽出 6 小时来学习某一门学问，会不会太不现实了？毕竟我们还有很多其他的学科要学啊！

这样想没错，中小学生确实很难做到用 6 个月的时间学会一门新知识，这并不是说大家的学习能力不够，而是考虑以下两个原因。

第一，中小学生的学习时间不能自由支配，白天大部分时间要去学校。

第二，某段时间内只学一门学科不现实，中小学学校里有很多学科，要按学校安排的课程进行听课、学习。

1.5.2 中小学生怎样使用西蒙学习法

既然如此，中小学生应该怎样科学合理地使用西蒙学习法呢？

我给大家的答案是：不必非要在半年内学会一门新知识，我们只需要借鉴西蒙学习法的精髓，按照西蒙学习法的公式去推进，一样能把各学科都学好。

中小学生因为兼顾的学科很多，每门功课的学习战线会稍微拖长一些。不过这也没关系，中小学的学习生涯一共有12年，时间充足，我们只要合理规划好自己所能支配的时间，完全能学有所成。

我们再来重新看看西蒙学习法的公式：学有所成＝集中用力×正确的学习方法×持续的时间投入。

根据这个公式，中小学生们需要学会一些基础的理论和方法，才能把西蒙学习法用好。

比如，怎样集中精力学习？集中精力在哪门学科才对？这需要我们能够分清主次，学会选择和取舍，更要学会制定科学合理的学习目标。

比如，什么样的学习方法才算正确有效的？我们需要具备把所学知识化繁为简的能力，学会把知识进行拆分、组块等，直到能够熟练掌握和应用这些知识。

比如，如何才能做到持续的时间投入？怎样才能把学习这件事轻松地坚持下去？怎样做好时间管理？怎么能专注高效地主动学习？我们需要掌握很多具体的基础理论、方法和工具。

这些方法我都会在后面的章节，结合实际教学案例为大家详细讲解。

第2章 选择：有的放矢才能重点突破

2.1 认清自己：每个人的起点都不同

2.1.1 了解自己的弱点

我曾经教过一个初二的学生，名叫王浩。除了英语，王浩的其他科目都是优秀，数学能考到满分，但是期末考试英语只考了50分。班主任对王浩的父母说，只要孩子能学好英语，就能考上理想的高中。父母也心急如焚，带孩子到处求医问药。王浩妈妈说她请教了不少英语学霸的家长，听从建议买了很多教辅书，也让孩子用了学霸的方法，但是都不管用。孩子的英语启蒙也不算晚，没想到，到了初中，孩子的成绩不仅没有提高，反而越来越差，甚至沦落到不及格的地步。

在孩子的父母看来，数学能考满分，说明孩子的智商和学习能力都没有问题。为什么孩子的英语成绩就是上不去呢？父母也很疑惑，就又找了几位老师专门给孩子辅导英语，但还是不见效。

后来王浩的妈妈又经邻居介绍找到了我。我们第一次见面的时候，王浩妈妈恳切地对我说："老师，只要孩子考80分我就心满意足了。"这说明，父母已经把要求降到最低了。通过和王浩交流，我了解了孩子的问题所在。

1. 学会了的幻觉。

王浩认为自己从小就学习英语，学过的就算是学会了。他没有重视知识点的复习，学过的大多都遗忘了。学过不等于学会。到了初中，考试难度加大，孩子出现成绩下滑的现象不是例外。

2. 用错了的方法。

学霸背单词，他也背；学霸做哪套练习题，他也做。但是他和学霸的学习质量相去甚远。他背单词和语法靠死记硬背，背过了，却不复习，结果就又忘了。学霸基础好，学过自然拼读，单词记得高效又快速，还不容易忘。学霸做题知道及时复习错题，他却不知道总结归纳。由于基础知识不扎实，学霸的方法对他来说根本不起作用。

3. 害怕学英语。

因为英语总是考不好，王浩出现了畏难情绪，越来越不想学英语了，越不想学，成绩就越差，这时候就出现了恶性循环。

2.1.2　帮助孩子认清自己

针对王浩的问题，我做了三件事。

第一件事：使用积极心理学帮孩子破除学不好的执念。

我对他说："我教过很多英语不好的孩子，有的甚至只考十几分。最后他们通过我教的方法都逆袭成英语学霸了。你数学能考满分，说明你很聪明，那就更没问题了。按照我说的去做，你肯定也能把英语成绩提上去。"

我的话给了王浩积极的心理暗示，也给他吃了一颗定心丸。他知道，老师一定有方法帮助他。他点点头，答应我说："我一定按照老师的方法认真学英语。"

第二件事：我给孩子解释清楚了问题出在哪里。

我问王浩："是不是觉得初中英语试题比小学难多了？"

王浩："是啊，题型不一样了，题量还增加了。"

我："你平常都是怎么学英语？"

王浩："除了在学校里每天正常上英语课，回家做英语老师留的作业，还额外做父母或者同学推荐的试题或者看看英语教辅书。"

我："那你有没有总结归纳过错题或者复习自己背过的单词和语法？"

王浩不好意思地摇摇头说："作业太多了，没时间。"

我："没时间是借口，现在你的英语是给你拖后腿的学科，就算是不做作业，也要把英语成绩提上来啊。"

很明显，王浩平常都是以完成学校作业为主。他根本不花时间复习或者查漏补缺。现在他的学习重点是把英语成绩提上来，而不是为了完成作业而做作业。

接下来我带王浩做了最后一件事：恶补基础知识。

我先把背单词和背语法的方法教会了他，又和他一起分析卷子上的错题，之后再分类专项练习易出错的题。一个月后，我和王浩打了一场胜仗，王浩的英语月考成绩提升到了86分（满分100分）。

虽然86分不算是高分，但是英语成绩的飞速进步极大地鼓舞了他，他因此尝到了三个甜头。

第一，班级总排名由之前的中等上升到班级第三。

第二，王浩重拾信心，知道英语是可以学好的，不再有畏难情绪。

第三，王浩懂得了学习的重点，不再只是完成作业。

在家长会上，班主任公开表扬了王浩英语成绩的进步。他不免得意，甚至有点喜欢学英语了，后来他的英语成绩果然越来越好。

> **积极心理学专栏**

积极心理学在教育中的应用是给孩子积极的心理暗示，告诉孩子任何困难都是可以解决的,并且带他们一起打一场胜仗,让他们有峰值体验。

例如,有一道家长认为很简单的数学题,孩子做不出来,这时家长不会骂孩子笨,而是稍加引导,鼓励孩子自己把答案解出来,最后再给予孩子肯定和赞美。

2.1.3　起点不能决定终点

约翰·戴维森·洛克菲勒从小家境贫寒,他从学校毕业后,找到的第一份工作是一名记账员。后来他从一名记账员成为全世界人人都知道的"石油大王"。在《洛克菲勒写给儿子的38封信》中,他说过这样一句话:每个人的人生起点不尽相同,但这并不意味着,其人生的最后结果就被出身定型。

我们的学习也是如此,只要想学,并且用对适合自己的方法,就一定能学好。西蒙曾经说过,他在高中时以第三名的成绩毕业,没有当上毕业致辞的学生代表(不久后在芝加哥大学新生周考试时也是第三名)时,他并没有感到懊恼,因为他知道,自己远没有那些同学付出得多,他们是真正的实至名归。他也承认自己在很多方面处于劣势。因为西蒙能认清自己,找对方法,所以他才能学有所成。

每个人在学习上的起点都不相同,知识积累基础不同,天赋不同,心态不同,这些都决定了我们所使用的学习方法的不同。即便是起点低,也不应该是不努力的借口。想想聋哑作家海伦·凯勒、物理学家霍金等,他们哪个不比我们起点更低?我们要明白学习成绩是由我们的行动决定的,我们想要取得什么样的成绩,就要用对方法,付出相应的努力。

2.2　拒绝偏科：文科脑和理科脑

五年级的王一诺，数学成绩很好，经常考满分，他喜欢数学，数学学习对于他来说是小菜一碟。每次放学回家，一诺都先把数学作业完成。但是一诺的语文和英语一直成绩平平，都在80分左右。一诺也非常不喜欢做这两个学科的作业。一诺妈妈经常说，儿子是理工男，擅长理科，文科不行。

六年级的李子涵，语文、英语成绩都很优秀，每次考试都是95分以上。同时，子涵也非常喜欢学这两个学科。但是数学一直是子涵的弱项，虽然她上课也认真听讲，但数学一直在80分左右。子涵妈妈说："子涵随我，文科学得好，我上学时就是文科好。"

六年级的张景轩，数学、英语成绩都很优秀，每次考试基本上都是满分或者接近满分。但是语文成绩一塌糊涂，从来没有考过90分以上。张景轩说："我讨厌学语文，语文太难了！"

问题来了，请问张景轩是文科脑还是理科脑？

2.2.1　偏科和理科脑、文科脑

如果说张景轩是理科脑，他的英语却能考满分；如果说他是文科脑，他的语文竟然考不好。像张景轩这样，能学好语文和英语其中一科，却学不好另一科的现象很普遍。这说明偏科跟文科脑、理科脑没有直接关系。

很多家长通过观察孩子的学习情况后发现孩子存在偏科的现象，然后就给孩子贴上了文科脑或者理科脑的标签。这直接导致孩子错误地认为自己没有学好文科或理科的能力。

我们不可否认天赋是存在的。通过钱钟书、朱自清偏文科和北大数学老师韦东奕偏理科的例子，我们的确可以得出这样的结论：

确实有一些人的理科或者文科天赋特别好。但是学校里所教的文科和理科，其实并不需要极高的天赋。孩子在学校所学的文科和理科主要是学一些基础知识。在基础教育学习中，我们不需要像数学天才韦东奕那样能够解答高难度的数学题，也不需要像文学大师钱钟书那样能够写出旷世佳作。在我们的日常学习中，根本就没有文科脑和理科脑之分。基础教育被称为"基础"，那就是说明它是相对比较简单的，也就是说我们每个人都可以学好。

很多考上清华、北大的学霸都说自己在理科或者文科方面没有天赋，但是他们也都可以同时把基础教育中的语文和数学等文科、理科科目学得很好。所以我们每个人都拥有文科脑，也拥有理科脑。

2.2.2　撕下文科脑和理科脑的标签

很多家长甚至老师都会给孩子贴上文科脑或者理科脑的标签。于是马太效应出现了：孩子越来越喜欢自己相对擅长的学科，因为越来越喜欢，所以越学越好；而对于那些不喜欢的学科，孩子因为认定了自己没有天赋，所以也不再好好学习，导致厌学，孩子越厌学越学不好，越学不好越没有兴趣，恶性循环出现了。

所以，从现在开始，撕下我们是文科脑或理科脑的标签，重新定位自己的大脑：我们每个人都有一个综合脑，既能学好文科，又能学好理科。

📖 **马太效应专栏**

马太效应是一种强者愈强、弱者愈弱的现象。它来自圣经《新约·马太福音》里的一则寓言："凡有的，还要加倍给他，叫他多余；没有的，连他所有的也要夺过来。"

马太效应在学习上的现象是越喜欢、越擅长的学科,学得越好,越不喜欢、越不擅长的学科,学得越差。

2.2.3 偏科的原因

导致偏科的原因有很多,大致归为以下几类。

第一,被领头羊吓跑了。

有的学生某一科学得不好是因为启蒙的时候比别的孩子学晚了。看到别人都会,自己不会,越学越灰心。我遇到过不少这样的学生,他们三年级才开始英语启蒙,同班同学可能在幼儿园就学英语了。起步慢导致步步慢,孩子在没有帮助的情况下误以为是"自己笨"。

第二,就是没兴趣,不喜欢。

很多学生在不了解自己不喜欢的学科的时候就盲目地放弃了这门学科。也就是说,他从未去尝试、实践过某门学科,更没有把它学好的成就感,就直接断言不喜欢这门学科。这样做的后果是"本来能够变成自己喜欢的事"变成了"想象里的不喜欢的事"。

第三,自我设限,不接受帮助。

王宁现在六年级,语文、数学成绩都很好,但英语成绩一直是70分左右。转眼要小升初了,王宁的妈妈很着急。后来王宁妈妈找到我,让我帮忙看看是什么问题。我给王宁上了几次课,我发现他是个很聪明的孩子,只是基础知识学得不扎实,所以我每次都会给他布置一些适合他练习的专项作业。可是王宁的作业做得很敷衍,不是没做完,就是没认真完成。

我问王宁:"你知道为什么英语成绩总是提不上去吗?"

王宁:"我不适合学英语呗,从一年级开始英语就没考好过!"

我:"你是不适合学,还是不想学?我看到的不是你不适合学,是你自己逃避，不想学。我帮你找出了问题，布置了帮你提高的作业，你从不认真完成。你是在拿'永远也学不好'的借口逃避。如果你一直这样下去，再好的老师也帮不了你，因为你根本不接受帮助。"

王宁听完我的话点点头，从此以后做作业不再敷衍，英语成绩也慢慢地赶上来了。很多学生都和王宁一样，打着"我就是不行"的幌子，拒绝接受老师和父母的帮助。

第四，讨厌老师。

谈到偏科，我自己就是个例子。在高考数学没及格的情况下还能考上一本，可见我的偏科有多严重。高中的时候，我一直误以为自己是个文科脑。直到长大从教后，仔细回忆自己的数学学习过程，我才找到了答案，不是我天生数学差，起因竟然是自己讨厌初一的数学老师，所以不喜欢数学这门学科，导致越学越差。

小升初的时候，我是以数学、语文满分考进我们当地的一所私立初中的。因为入学成绩好，我自认为班主任数学老师会看重我。没想到开学第一天，老师竟然给我分配了一个"历史课代表"的职位。当时我的想法是就算不让我当班长、学习委员，也起码分配给我一个主科课代表的职位啊，没想到竟然只是个历史课代表。当时我的委屈、气愤不亚于孙悟空知道"弼马温"的品阶有多低后的"怒气"。我虽然表面上听从了老师的安排，但从此以后我心里就和班主任结下了"梁子"，总觉得班主任不喜欢我，处处与我作对。我也因此越来越讨厌数学，数学成绩相比其他科目也越来越差。

现在回头想想，数学老师也没有刻意为难我，是我自己"内心戏"过多。如果当时我能理解老师，"不以物喜，不以己悲"，也就不会导致偏科。

2.2.4 把西蒙学习法当战略

西蒙学习法非常适合学习弱势学科。我们可以用西蒙学习法"三步走"的战略解决偏科问题。

第一步,找到不擅长的学科,请教专业的老师制订适合自己补差的策略。每个学科都有底层学习逻辑,我们只有掌握了底层逻辑,才能制订科学有效的策略。

第二步,使用西蒙学习法将不擅长的学科拆成最小单元。比如,若不擅长英语,就把英语拆成"听、说、读、写"四个单元,逐个攻破。注意不要打乱顺序,集中一段时间先练习听,再练习说,再练习读,再练习写。

第三步,集中用力,持续不断地深度沉浸学习。每天抽出固定时间来学习,重视"坚持"这个老生常谈的话题。一直坚持到把弱势学科学好为止。

任何学科,只要使用西蒙学习法,就都能学好。

2.2.5 把"五五十法"当战术

我教过上千名学生,可以负责任地告诉大家,初学某科目的时候,所有学生对学习的反应都是一样的——不好也不坏,需要继续体验学习才能下结论。

有的孩子第一次上课就对某科目感兴趣,大多是因为老师用了游戏教学法。也就是说孩子本质上喜欢的是"游戏"或者"有趣的老师",并非这个学科本身。我们因此可以得出结论:兴趣是可以培养的,先去了解和学习所谓想象中的不喜欢的学科,慢慢积累成就感,孩子也能从"不喜欢"变成"喜欢"。

对于弱势学科的学习,关键是如何采取有效的行动。在这里给大家介绍一个非常好用的"五五十法",帮助大家迈出战胜弱势学科的第一步。

"五五十法"中的第一个"五"指用五分钟来学习，第二个"五"指用五分钟来休息，"十"指再用十分钟来学习。学习原则是每天在做完作业后单独抽出 20 分钟来学习弱势学科。

比如孩子的弱势学科是数学，提前准备好闹钟、课本、习题或者专项训练，定好闹钟，只学五分钟。这五分钟内不去卫生间、不喝水，全力以赴地学习计划的内容。五分钟到了，立刻休息，可能有的孩子习题只做了一半，不愿意离开，但是必须强制自己停下来，休息五分钟。休息时间内可以做任何事，等闹钟响起来再全力学习十分钟，就可以结束这次的学习了。

中间之所以要停下来，就是为了让孩子把第一个五分钟当作热身，解决每次学前的畏难情绪。第二个时段的十分钟，孩子一般都会进入心流状态。

很多试过"五五十法"的学生跟我说，原来不喜欢的学科，自己学起来也没那么困难了，他们试过一段时间后发现根本不再需要中间五分钟的休息，甚至一次性能学半个多小时。因为他们通过一段时间的锻炼，已经不再害怕这门学科，甚至开始喜欢学习带来的充实感。

2.3 救救差生：厌学这件大事

五年级的李子辰，成绩倒数，极其厌学。他在家从不主动做作业，在课堂上也不认真听讲，不是开小差，就是和同学说闲话、传纸条，有时候甚至还带头扰乱课堂秩序。为了不让他打扰其他同学正常上课，各学科任课老师只能一次又一次地把他送到"德育处"。班主任非常头疼，经常放学后留下他进行"单独教育"。子辰的父母更是无奈，隔三差五就被班主任请到学校去谈话。子辰妈妈说："我最怕接到班主任的电话了，一看到班主任来电话，我就知道子辰又闯祸了。"

子辰的父母用了各种方式管教他，打骂、威逼利诱等方式都用了，还是不管用。往往是今天刚"教育"完，明天他又重蹈覆辙。几乎每个班级里都会有几个像李子辰这样的学生，他们为什么会如此厌学？他们还有救吗？

2.3.1 "差生"是天生的吗

"差生"是天生的"差"吗？厌学的学生是天生厌学吗？肯定不是。每个孩子天生都有一颗好奇心，他们本来就喜欢学习和探索。每个厌学的孩子背后都有一个"委屈的故事"，大多是因为父母没有及时引导或者引导方法不科学。

美国心理学家塞利格曼在1967年做过一个著名的实验。他把一只狗关在了笼子里，并在旁边放了一个蜂音器。只要蜂音器一响，就给这只狗进行难以忍受的电击。狗被关在笼子里，逃脱不了电击，于是就在笼子里惊恐地狂奔、哀叫。经过多次同样的电击实验后，塞利格曼再把笼门打开，对狗进行电击。令人惊讶的是，这只狗并没有逃走，等蜂音器一响，还没等电击出现，它就先倒在地上开始呻吟和颤抖。这只可怜的狗本来可以从笼子里逃出去，主动逃避电击，但是它绝望地等待着电击的来临，这就是"习得性无助"。

再回过头来看，像李子辰这样的"差生"并不是天生的"差"，而是因为没有得到及时的引导和帮助，没有掌握学习方法，也不了解学习规律，如此一来，孩子看不到自己的进步，得不到正反馈，再加上外界对自己的评价都是"差生"，多次失败的经历使他们产生"习得性无助",干脆放弃学习,把注意力放在"调皮捣蛋"上。当一个孩子不再有学习动力和好奇心的时候,只能一步步走向厌学。

"习得性无助"专栏

"习得性无助"是指个体经历多次学习失败后,在面临困难时形成无论怎样努力也无法改变事情结果的认知,继而导致放弃努力的一种心理状态。

2.3.2 用CAKE鼓励法解救"差生"

每个家长和老师都不希望自己的孩子或者学生是自暴自弃的"差生"。我们如何才能帮助已经厌学的孩子重拾信心,从厌学变为爱上学习呢?打骂和惩罚的管教方式只能适得其反,我教大家一个非常实用的CAKE鼓励法(如图2-1所示),这个方法非常适合老师、家长在教学或者生活场景中使用,尤其适用于已经自暴自弃的孩子。

第一步,创造机会(Create):创造契机让孩子做一些力所能及的事。

第二步,取得进步(Advance):找到孩子进步的地方,提出表扬。

第三步,点燃斗志(Kindle):强化孩子的进步,重新唤起孩子的斗志。

第四步,表达期望(Expect):说出期望,让孩子有责任感和希望。

```
          第一步                              第三步
          创造机会(Create)                   点燃斗志(Kindle)
                          ┌─────────┐
                          │  CAKE   │
                          │ 奖励法  │
                          └─────────┘
          第二步                              第四步
          取得进步(Advance)                  表达期望(Expect)
```

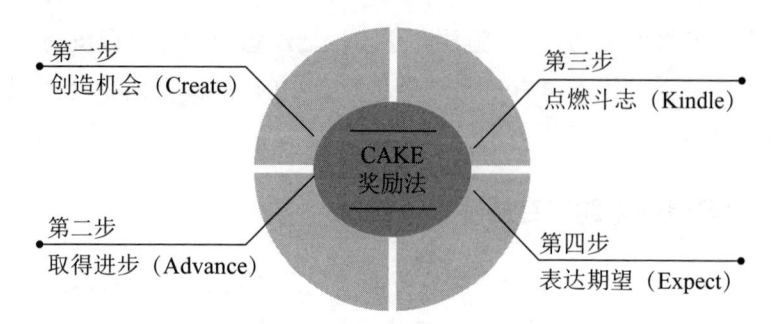

图 2-1　CAKE 鼓励法示意图

比如，李子辰上次数学考了 50 分，这次考试考了 60 分。虽然他的数学成绩在班上仍然属于倒数，但我们可以通过这次数学成绩提高 10 分的契机使用 CAKE 鼓励法及时鼓励他。

第一步，创造机会。"子辰，这次数学考试成绩提高了 10 分，及格了，真为你感到自豪！"

第二步，取得进步。"你能取得这么大的进步，我猜肯定是因为你课下偷偷用功了。而且我还发现最近你上课比以前认真多了。"

第三步，点燃斗志。"你在老师眼里是一个有进取心、不服输的好孩子，我相信下次你能通过自己的努力考到 70 分、80 分甚至 100 分。"

第四步，表达期望。"这次因为你数学成绩的提高，咱们班的总成绩也提高了 10 分，获得了年级第一，相信你未来会取得更好的成绩，为班级争光！也相信你一定能通过努力，逆袭成学霸！"

CAKE 鼓励法是一个能够帮助孩子建立积极心态、重拾自信的方法。孩子厌学是因为他们对学习这件事已经产生"习得性无助"，并不是说他们甘愿做"差生"。父母和老师要帮助他们重新激起斗志，让他们获得欣赏和认可，从厌学变为喜欢学习。

2.3.3 "差生"也能考上清华

这是特级教师戴曙光老师亲身经历的一个教学案例。

新学期开学,戴老师被安排到三年(7)班担任数学老师,还没接触学生,一个家长就找上门来,说他的孩子丰从读幼儿园以来就喜欢打架,他为此操碎了心。起初,戴老师还没把这件事放在心上,上了一周的课,这个学生的"恶行"让他头疼,丰的确是个"好战分子",对于老师的批评教育也是左耳朵进,右耳朵出,其他家长甚至联名上诉,要求学校开除丰。

于是戴老师制订了一个帮助丰进步的计划,同时得到了班主任郑老师的大力支持。

数学课上,戴老师宣布了一个决定:"从今天开始,班长由同学们轮流担任,首先由丰担任班长,任期一个月。"戴老师故意将任期定为一个月,以便实施他的计划。"值日班长有两大职责,一是课间10分钟内将黑板擦得一尘不染,让上课老师看到我们班的黑板是最干净的;二是放学后打扫班级卫生,将课桌摆得整整齐齐。值日班长的工作每周一评,我相信丰一定能当好第一任值日班长。"如果丰能认真履行职责,就没有时间与别人打架了,因为打架往往发生在课间10分钟和放学后,戴老师不禁为他的如意算盘暗自得意。

丰做得比戴老师想象中的还好。每次上数学课,戴老师一进教室,首先向同学们提出两个问题:"今天的黑板是谁擦的,干净不干净?""今天的桌椅是谁摆的,整齐不整齐?"之后,戴老师又与其他任课教师达成一致,上课前都先提出这两个问题,以强化丰在班级工作中的贡献,激励丰把工作做得更好。两个星期很快就过去了,班会课上,同学们都表扬丰不和同学打架了,丰站起来,不好意思地说:"这两周哪有时间啊!忙得我都忘记打架了。"一句话

西蒙学习法

把戴老师给逗乐了！

戴老师心想，这次必须给丰来点新鲜的。他又对大家说："班长是班级的领导，一个好的领导要能组织全班同学干活，下一期的板报由丰来安排，大家要积极配合。"因为以前"得罪"过许多同学，丰显得很为难。这一周，戴老师用心观察，发现丰的工作做得很辛苦，平时以自我为中心、目中无人的丰变得"低三下四"，很多同学不把他分配的任务当一回事，只有几个同学帮忙。这一周，丰经常找戴老师"告状"。板报终于出来了，效果不太理想。不过没关系，丰体会到了与同学合作的重要性。于是，戴老师表扬了丰和配合完成板报任务的几个同学。

最后一周，戴老师又布置了新的任务："一个优秀的班长必须是学习的强者，是班上的'小老师'，明天开始，我会让班长当我们大家的老师，给大家上课。"戴老师是想把丰的注意力引到学习上来。丰没想到老师把他抬得那么高，为了当好"老师"，他必须提前自学。戴老师也对丰做了课前辅导，没想到这"小老师"当得真不赖，课上讲得有板有眼，课堂变成了大小两个老师在上课……

一个月的班长任期结束了，丰的变化让戴老师感到意外：三年级上学期还未结束，他已学完了全册的内容；到了四年级，他已完成了六年级的学业；小学毕业时，听说他已经把初三的内容全学完了，难怪碰到一些难题时，他老用初中的方程来解。他成了学校里的"数学明星"，摘掉了"打架明星"的帽子。

2006年冬，还有半年才高中毕业的丰就收到了清华大学（数学专业）的录取通知书，成了当地的"名人"。

相信读完这个教学案例的每个读者都会被感染。"差生"也有无限的潜力，父母和老师要不断给予孩子帮助，给他们创造机会去体验学习带来的快乐和成就感。

2.4 抵制诱惑：孩子总是玩游戏怎么办

王浩泽聪明伶俐，家境优越，父母是 985 名牌大学毕业的高知，同时也是大公司里的高管。因为父母忙于工作，浩泽大多时候都由爷爷奶奶陪伴。浩泽的父母对他的学习寄予了厚望，提前做好了各学科启蒙。

一、二年级的时候浩泽确实没让父母失望，三大主科经常考满分。父母对浩泽的成绩非常满意，全家一致认为儿子是"尖子生"，想象着未来儿子的升学之路肯定是畅通的。谁料升入三年级后，浩泽的成绩开始下滑，除了数学偶尔能考到满分，语文、英语下滑到 90 分左右。如今四年级，浩泽的三大主科都成绩平平，勉强维持在 85～90 分。曾经的"尖子生"，如今成了平凡的"中等生"。浩泽的父母失望地感叹道："我儿子越长大越平凡了！"

2.4.1 尖子生假象

尖子生假象是指一、二年级的知识简单，取得高分、满分很容易，一个班里有一半学生能考满分，父母很容易误以为孩子是"尖子生"。到了三年级，孩子所学的知识越来越复杂，自然能区分出来孩子的真实水平。另外，一、二年级的孩子听父母的话，父母督促学习还比较管用。三年级后，孩子慢慢走向独立，有了自己的想法，很多时候不再听从父母和老师的安排。

更令大家更担心的是，孩子越长大，受到的诱惑也就越多。很多孩子容易沉迷于手机短视频、网络游戏。迷上电子产品后，孩子对学习不再有任何兴趣。

像浩泽这样高开低走的中等生不在少数，一、二年级时他们能轻而易举地名列前茅，三、四年级时他们却在父母的意料之外滑坡了。

2.4.2 被电子产品控制的中等生

浩泽成绩下降，主要因为他沉迷于手机游戏。由于父母忙于工作，放学后，浩泽大多时间都是和爷爷奶奶在一起。小时候，只要浩泽一哭闹，爷爷奶奶就会用玩手机、看电视哄他开心。电子产品成了爷爷奶奶哄孩子的得力助手，浩泽也因此很依赖电视和手机。最近一年，他还和同学们学会了网络游戏，"王者荣耀""和平精英"等各种网络游戏对他来说是如数家珍，样样精通。

就算浩泽课余时间很充裕，他也不再愿意踏踏实实地学习了。对于他来说，游戏太有意思了，他已经上瘾了。他只要有时间，就玩游戏，课余时间甚至上课的时候，他还总是琢磨着怎么把游戏打得更好。班里那些认真学习的孩子一门心思都扑在学习上，当然会超越浩泽，甚至把他远远甩在身后。因此，浩泽成绩下降也是必然结果。没有付出，就没有收获。

浩泽的父母也发现了，浩泽只要玩游戏，就两眼放光，精神百倍，但一提读书、学习，浩泽就磨磨蹭蹭，一百个不愿意。浩泽的父母没少因为他玩手机数落他，甚至有几次，浩泽爸爸回家看见他玩手机，还对他大打出手。最后，浩泽的父母终于忍无可忍，强行禁止浩泽使用手机、平板电脑。为了让浩泽把心思转移到学习上来，父母还花重金给他请了一位家庭教师。每天放学后，老师专门来家里辅导浩泽的课后学习。

浩泽对父母的"手机禁令"非常不满，明着反抗没用，他开始暗中反抗。家庭教师来辅导功课的时候，他故意拖延时间，一会儿说要上厕所，一会儿又说要喝水。说是上厕所，恨不得磨蹭10分钟。只要有机会，浩泽就去爷爷奶奶那里软磨硬泡，拿他们的手机玩。爷爷奶奶有时候心软，架不住孙子的苦苦哀求，就把手机给他了。有时候浩泽还趁爷爷奶奶不注意，直接把他们的手机拿走，偷偷跑到自己房间里玩。爷爷奶奶年纪大了，也不想跟孩子过不去，总是睁一只眼闭一只眼。现在浩泽不仅不想再好好学习，还总想着怎样和父母、老师斗智斗勇。如今，浩泽不仅学习成绩提不上去，和父母的亲子关系也很紧张。浩泽一想到父母要下班回家，就高兴不起来，而浩泽父母回家看到浩泽就是一顿指责。

2.4.3 错误的亲子沟通示范

一天，浩泽妈妈回到家发现浩泽又在偷偷玩手机，作业也完成得也很敷衍。她勃然大怒，一把抢过手机摔在了地上，生气地对浩泽大喊："我都说了多少次了，不能玩手机。你就知道玩手机！看看你这作业做的！字还没幼儿园的小孩写得好！数学卷子上一堆错题，也不检查。这么简单的题，还总是犯错，一点记性都没有！"

浩泽看到手机屏幕都被摔碎了，又心疼，又委屈，他也不甘示弱地对妈妈说："我们班王一天写的字更差，我这还算好的！凭什么别人都能玩手机，我就不能玩。作业做完了，我也有权利休息。你和爸爸也经常看手机啊……"

这是一场毫无意义的亲子沟通，没有解决实际问题，浩泽和妈妈都只是宣泄了自己的愤怒情绪。

像浩泽这样的中等生，大多都聪明伶俐，只是他们把聪明都用在游戏和与父母斗智斗勇上了，没有做到用有限的时间学习有用的知识。如果他们愿意把时间和精力投入学习，而不是消耗在电子产品上，他们最容易逆袭成学霸。

想让孩子把注意力回归到学习上，还需要家长和孩子的双向奔赴，共同抵制电子产品的诱惑。如果只是像浩泽父母一样强行"打""骂""禁"，孩子自己心里根本不认同这种管教方式，父母也是徒劳一场。

2.4.4　FACE 沟通法：有效的亲子沟通

怎样和孩子沟通才能让孩子心服口服呢？教大家一个好用的 FACE 沟通法。

第一步，讲感受（Feelings）：坦诚地向孩子描述这件事给自己带来的心理感受。

第二步，讲真相（Actuality）：平静地指出孩子存在的问题。

第三步，讲建议（Comment）：真诚地给孩子提出建议，引导他做得更好。

第四步，讲影响（Effect）：向孩子描述听从建议或者不听从建议可能带来的影响。

现在使用 FACE 沟通法来和浩泽做一次有效的沟通。

第一步，讲感受。"浩泽，妈妈看你作业做得这么潦草，有点担心，也感觉很遗憾，你小时候写字多么工整啊！"

第二步，讲真相。"你看看，语文作业是不是写得很潦草？有些字我都不认识，数学试卷上也有很多错误。"

第三步，讲建议。"我建议你平常做作业要注意书写规范，做数学练习题时一定要细心检查，确保把会做的都做对。"

第四步，讲影响。"如果形成了不好的习惯，考试的时候会丢很多本该得到的分数。我们和第一名的差距就是在平常练习的时候拉开的。妈妈相信你通过努力会慢慢改变的。"

在使用 FACE 沟通法之前，家长一定要想清楚和孩子沟通的目

第 2 章 选择：有的放矢才能重点突破

的，不是为了宣泄对孩子的不满情绪，而是要帮助孩子有所改进。因此，在和孩子沟通前家长一定要控制好自己的情绪。

接下来，再次使用 FACE 沟通法和孩子沟通使用手机的问题。需要注意的是每个家庭情况不一样，要根据具体的家庭情况进行变通。浩泽的家庭情况是，即便父母下了"禁手机令"，也无法让浩泽完全不使用手机。因为浩泽的父母工作忙，不可能时时刻刻监管孩子。而且孩子已经大了，家长越禁止，孩子越逆反，不如适当放权。

第一步，讲感受，给孩子一个全新的角度去启发他思考。"浩泽，我看到你沉迷于玩手机游戏，还是很担心的。一是担心你的眼睛近视，二是担心你被游戏设计者操控了。在玩游戏的时候我们没有主动权，只能被游戏的设计引导，越玩越上瘾。这种被人操控的过瘾是相对低级的被动的快乐。其实，还有一种快乐是通过自己的努力主动创造的。例如，获得好成绩的快乐就属于自己创造的快乐。想一想，上次游泳比赛你取得了好成绩，是不是很快乐？"

第二步，讲真相，让孩子放下心理戒备，和孩子一起重新认识手机这个工具，它不是洪水猛兽，用好了，它能成为我们的助手。"妈妈觉得手机已经成了我们每个人必不可少的工具。比如妈妈吧，工作、生活都离不开手机，和朋友交流、查资料、工作、娱乐都离不开它。我看你们也一样有需要手机的时候。有的孩子用它听书，有的孩子用它录音频，有的孩子还用它拍照、拍视频，有的孩子用它查阅学习资料，当然也有的孩子用它玩游戏或者刷短视频。平常你用手机都是以干什么为主？"

第三步，讲建议。"手机是个好工具，如果你是为了听书、拍照而使用手机，妈妈支持你。如果你想玩游戏，就要控制好时间。

37

再有就是不能因为玩手机而影响了学习。我们签订一个'手机使用协议'吧，写好使用手机的时间和注意事项，妈妈会和你一起遵守约定。"

第四步，讲影响。"如果你利用好手机这个工具，控制好使用手机的时间，相信你在学习上也会取得很大的进步！"

2.4.5 签订手机使用协议

无规不成方圆，父母既然决定给孩子使用电子产品，就一定要提前和孩子做好使用手机等电子产品的约定，并一起讨论约定的内容。

1. 讨论使用时长，例如，每天看手机的时间最多是20分钟。

2. 讨论使用时间，例如，必须完成作业后才能使用手机或者父母回家后才能使用手机。

3. 讨论使用方式，例如，只能听书、查阅资料或者玩适合孩子的益智游戏。

4. 讨论密码设置，例如，密码由父母来定，每次打开手机需要征得父母同意。

5. 讨论奖惩制度，例如，超时一次，取消两次使用权。孩子如果坚持按约定使用手机，那么父母每周实现孩子的一个合理愿望。具体的愿望也可以写清楚。

拟好协议之后，父母双方签名，可以贴在墙上作为提醒。

注意，如果孩子使用手机超时，一定要严格按照奖惩制度实施惩罚。如果孩子能遵守约定，也要大力赞扬。父母千万不能破坏原则，一旦规则被破坏，这个协议也就失效了。

最后我想说的是，只有家长高质量地陪伴孩子，才能让孩子不再沉迷于手机。孩子喜欢玩手机往往是因为无聊。父母多陪孩子做

第 2 章 选择：有的放矢才能重点突破

一些手工、亲子游戏、户外活动，孩子有事可做，自然不会再沉迷于网络游戏。

2.5　学会取舍：兴趣班怎么选

王思语妈妈曾经是一家文化传播公司的高管。生完孩子后，思语妈妈不放心把孩子托付给老人照看，就辞职做起了全职妈妈。她望女成凤，跟风给孩子报名了很多兴趣班。

早在思语 6 个月大的时候，妈妈就给她报名了当地最火的早教班。用思语妈妈的话说："不能让孩子输在跑线上，看着别的家长都带孩子报名，我也得跟上啊，不能在教育上委屈了孩子。"

从幼儿园开始，思语妈妈就陆续给她报名了各种兴趣班，她的口头禅是"艺多不压身"。除了像外教班、乐高课、舞蹈班、美术班、围棋班、钢琴班、戏剧班、声乐班等这样普通的班，思语妈妈还给思语报名了网球、马术等高端课程。在很多人看来，这已经算是精英教育了。思语的课余时间被安排得满满当当的，最多的时候，她一共有 14 个兴趣班。可以说市面上的兴趣班，就没有思语没上过的。要问思语累不累，肯定是没有妈妈累。孩子上什么课都是玩的心态，能有多累？倒是思语妈妈周末来回接送孩子，穿梭在各个兴趣班之间，累得够呛。虽然累，但每当她想到女儿思语长大了能歌善舞，琴棋书画样样精通，她就觉得自己的付出都是值得的。

直到思语上了小学，思语妈妈才开始焦虑。她发现培养一个多才多艺的孩子没那么简单。思语各学科都进步非常慢，虽然投入了大量的时间和金钱，但是几乎没有一样特长可以拿得出手。就说英语吧，思语跟外教也学了两年多了，思语妈妈本以为思语能说一口流利的英语，没想到还不如那些跟中教学习的孩子。思语妈妈又焦虑，又疑惑："我带孩子上了这么多兴趣班，投入了这么多金钱和时间，怎么还没啥学习效果呢？是我女儿太笨了，还是老师教得不好？"

2.5.1 报班不代表能学会

思语妈妈万万没想到，自己在思语的兴趣班上花费了这么多时间和金钱，竟然没有太大效果。其实，这既不是因为思语"太笨"，也不是因为兴趣班的老师教得不够好。主要是因为以下三点。

第一，年龄阶段所限，出成果慢。

思语各学科的启蒙都进行得都比较早，但并不是每个学科都适合学龄前儿童学习。例如画画，学龄前的孩子大多都是涂涂画画、自由创作，这个阶段是体验性学习，并不能学会专业的画画技能。再例如舞蹈，学龄前的孩子主要是跳跳韵律操、锻炼身体，而不是学会高难度的舞蹈动作。所以，这些课程在短短两三年内不会有太显著的成果。

第二，课程重复频次低，学习效率低。

一般课外兴趣班都是每周上一次课，一般每次课都是 1～1.5 小时。每周 1 小时的课程并不符合西蒙学习法的学习规律，这就好比烧水一壶水，断断续续地烧，1 万小时也烧不开。思语跟外教学英语，学了两年没效果，就是这个原因所致。假设思语每周要上 1.5 小时外教课程，一年 52 周，两年时间思语学英语的时间是 1.5×52×2=156 小时。我做过数据统计，用科学的学习方法学好英语起码要用 1000~1200 小时。3~6 岁本是语言学习黄金期，方法用对，持续学习，很容易出成果。但是因为思语两年来断断续续学习的总时长不到 200 小时，所以不可能有明

第 2 章 选择：有的放矢才能重点突破

显效果。

第三，报班太多，没时间复习学过的内容。

妈妈给思语报名了太多的兴趣班，时间大多分散在了各个学科的课堂上，导致思语没有时间复习。就算孩子的智商再高，也逃脱不了艾宾浩斯的遗忘曲线（如图 2-2 所示）。如果学过的知识不及时复习，大多就会被遗忘。

艾宾浩斯遗忘曲线专栏

德国心理学家赫尔曼·艾宾浩斯在 1885 年发表的实验报告表明：人脑输入的信息在学习后，便成为短时记忆，但是如果不经过及时的复习，这些记住的东西就会被遗忘，如果及时复习，这些短时记忆就会成为长时记忆。

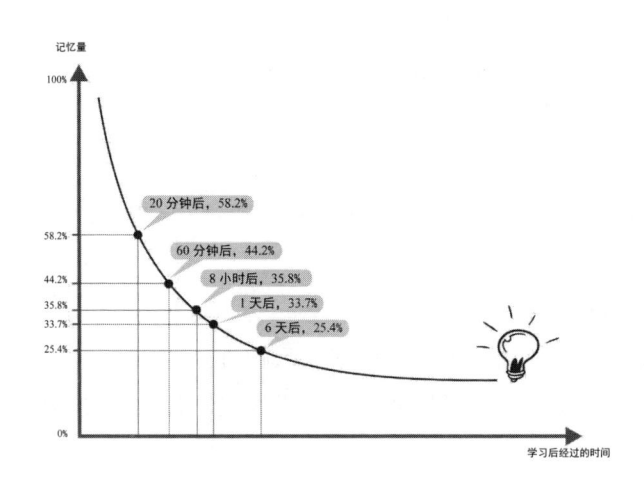

图 2-2 艾宾浩斯遗忘曲线

观察这条曲线，我们可以得知：学到的知识在一天后，如果不及时复习，就只剩下原来的 33.7%，6 天后则仅剩 25.4%。

2.5.2　用西蒙学习法合理规划兴趣班

通过西蒙学习法的学习规律，我们可以得知兴趣班并非越多越好。任何一门知识的学习都需要持续投入时间和精力，像思语一样同时学很多科目的孩子是不可能做到样样精通的。当然，如果家长能放松心态，只是为了以学为乐，不求学精学尖，这也确实是一种帮孩子充实时间、避免孩子沉迷电子产品的良策。但很多家长对孩子的期望值过高，希望孩子能"门门通"和"样样精"。

如果想要有学习效果，就一定要使用西蒙学习法提前做好兴趣班规划。为了方便记忆，我把兴趣班具体的规划方法总结成了"5+15 法则"。

"5"是指同期课外兴趣班不超过 5 个。"15"是指每天每门功课的复习时间不少于 15 分钟。

在使用 5+15 法则的时候要注意两点。

1. **不间断**。

西蒙学习法的精髓在于重点集中学习，只要孩子选择学习某学科，每天就要抽出固定的时间来复习和预习。哪怕每天只投入 15 分钟，也要坚持不间断。

2. **看年龄**。

给孩子报名适合其年龄阶段的兴趣班。

0~6 岁学龄前孩子以体验性学习为主，各学科最高效的启蒙方式是家庭式启蒙。

家庭式启蒙指的是孩子在家跟随家长学习。例如绘画，家长提供给孩子足够多的颜料和其他材料，并带孩子认识这些工具的名字和颜色，然后让孩子自由涂鸦和创作。例如舞蹈，家长可以每天带孩子跟着视频学一些韵律操。例如英语，家长可以带孩子读英语绘本，看英文电影。有些家长的口语发音不标准，怕把孩子带偏了，可以买点读笔，带孩子共读。

我在 2017 年开办了一个公益性家庭式启蒙学习群，陪伴了很多家长在家带孩子进行各学科的学习。五年里，我们见证了上千孩子从零基础完成了英语、数学思维、国学、数独等各学科的启蒙。其间我们不仅节约了报班的学费，还节省了时间，提高了学习效率。

我并不反对给 0~6 岁孩子报班学习，有些父母忙于工作，无暇顾及孩子的启蒙学习，只能选择报班学习。只是这个年龄段报班的学习效率会比家庭式启蒙的学习效率低很多。

7 岁以上的孩子，学习能力逐渐增强，可以开始报班，跟从专业老师学习。但是要注意同期每个阶段不要超过 5 个兴趣班，既要保证能把兴趣班学好，也不要耽误学校里的学习。

2.5.3　不容忽视的报班误区

当今时代，优质的教育资源并不稀缺，缺的是理性选择。我总结了三大误区，供家长们在选择兴趣班的时候参考。

误区一：看重"补短"，忽视"扬长"。

有些家长看到自己的孩子害羞、内向，就特意给孩子报名戏剧表演或者口才班，美其名曰"增加孩子的自信"。但是孩子在不擅长的领域，再怎么练习也只是普通水平。对于不容易积累成就感的学习，孩子越学越没自信。倒不如帮孩子放大优点，先学其擅长的科目。

误区二：同一时段报名的兴趣班过多。

像思语妈妈这样同时给孩子报名了多个兴趣班，会导致孩子自由学习的时间受限,而且每门课程都不能学精、学尖。

误区三:出发点太功利。

很多家长急于求成,让孩子为了考级而学习。太看重考级,既会影响孩子的兴趣,又会给孩子带来很大压力。引导孩子享受学习过程远比考级更重要。

第3章

目标：学习不仅仅是为了100分

3.1　理清思路：怎样设立学习目标

高二学生王天越，现在就读于一所名牌高中。天越是个活泼开朗的大男孩，他乐于助人，在学校里人缘极好，老师和同学们都很喜欢他。但是天越也有自己的烦恼：学习成绩不理想，越来越提不起学习兴趣。

高中入学时，天越的中考成绩在班级排第三，但是他的成绩不断下滑，现在已经是班里的中等生了。

天越坦言，他也想学好，可是每次都实现不了"学好"的计划。每学期开学前，他都暗暗下决心，这学期一定要考好。每次寒暑假或者节假日放假前，他都暗想，要利用好课余时间学习，实现逆袭，但是到最后都没做到。

不仅天越有这样的疑问，大多数学生都有这样的疑问："我也想成为学霸，我也想学得好，为什么我就是学不好呢？"同样是学习，为什么有的学生能顺利完成计划，有的学生只停留在"想"了呢？

3.1.1　误区：目标不是愿望

高中的孩子，学习都要靠自己，不再像小学、初中时，父母还能帮得上忙。因此，学会设立科学合理的目标非常重要。要说如何设立目标，应该先从"什么是目标"谈起。

很多学生甚至成人并不了解什么是"真正的目标"。目标不是愿望，例如天越所说的"我一定要考好""我一定要好好学习"，这不算是目标，只能说这是天越的愿望。愿望只停留在"希望能实现"的层面，目标则具体到细节。心理学家霍尔沃森曾经做过一个这样的比喻：假如你盼望着出门度假，但是你的计划仅仅是"我要去个暖和的地方"，可能你最终哪里也去不了。

这就能很好地解释为什么所有的学生（哪怕是倒数第一的学生）都想学好，但是优秀的学生只有一小部分。因为大多数学生都只停留在愿望层面。

3.1.2　升级目标思维

美国心理学家利伯曼和特罗普曾经做过一个实验。他们要求特拉维夫大学的学生在两门阅读作业中二选一，其中一门作业无聊但容易，另一门作业有趣而困难。研究者规定：两组学生都只有一周的时间进行阅读，可以选择在接下来的一星期内读完，也可以选择从第八个星期开始读，到第九个星期读完。

结果是：决定近期就完成阅读作业的学生，都倾向于选择简单但无聊的作业。他们愿意牺牲乐趣，以避免麻烦。而决定将阅读作业拖延两个月的学生则不假思索地选择了更难但更有趣味的阅读。

尽管第二个选择显得更有意思，但是两个月后，当这些学生开启相当困难的阅读时，他们非常后悔当初的选择。

由此看来，当我们考虑比较长远的目标时更会看重潜在的回报，看轻实际问题。我们把这种目标的设定称为"为什么"的思维。

当我们思考近期目标时，往往只想着解决实际问题，不考虑做这件事的潜在回报。我们把这种目标的设定称为"是什么"的思维。

我们在设立目标的时候要根据具体情况来切换"是什么"和

"为什么"的思维。我总结了四种情况，助力大家升级目标思维，设立科学合理的目标。

第一，想要更好地合理安排时间，防止拖延，就要用"是什么"的方式来思考目标。这能让我们更加专注于需要采取的具体行动。例如天越下决心这个暑假要好好学习，就要思考"好好学习是什么"——假期第一天就先早起学习不擅长的语文和英语。

第二，做复杂困难的事，更适合用"是什么"的思考方式。例如天越这学期要提高成绩，就要想到"提高成绩是什么"——每天晚自习不偷偷说闲话，不看小说，专门攻克语文和英语这两门不擅长的学科。

第三，想要提升自制力与毅力，使自己获得奋斗的力量，就要用"为什么"的方式思考目标，这会使我们备受鼓舞，专注于能得到的回报。例如一个学习成绩优秀的学生做暑假规划，他已经不再需要以提高成绩为目标了，这时候就要想"为什么暑假还要继续学习"——想成为一个超级学霸，保持住考年级第一的状态。

第四，简单的事需要重复做的时候，用"为什么"的思考方式来设立目标。把一件特定的小事和一个有重大意义的目标联系起来。这就给一件无聊的事赋予了新的价值。例如，孩子每天坚持阅读英文原著这件小事。我经常鼓励家长和孩子用"为什么"来思考目标——为了成为听、说、读、写样样精通的英语学霸，为了能和外国人交流。

总之，要想制定科学合理的目标，一定要学会用"是什么"和"为什么"两种目标思维。

3.1.3 用 SMART 原则设立学习目标

法国著名企业家哈伯特说过："对于一只盲目航行的船来说，

所有的风都是逆风。"

学习也是如此，必须有明确的目标，我们才能学有所成。除了要升级我们的目标思维，我再给大家介绍一个非常好用的 SMART 原则，帮助大家制定科学合理的目标。

Specific：制定一个具体的目标。

Measurable：这个目标是可以衡量的。

Attainable：这个目标是可以根据计划达到的。

Relevant：这个目标与其他目标有一定的关联性。

Time-bound：这个目标有截止日期。

我们现在来使用 SMART 原则给天越制定一个合理的目标。看表 3-1，对比一下天越盲目地停留在愿望的层面与有合理的目标之后的两种状态。

表 3-1 SMART 原则应用前后的对比

事项	SMART 原则	停留在愿望层面	有合理的目标
我是王天越，上学期期末考试在班级排名 25，属于中等。我的劣势学科是语文和英语，平均分是 80~90，我希望成绩可以提高	具体目标	我要提高我的学习成绩	这学期我的弱势学科语文和英语要提高到 120 分
	可衡量	我要多花时间学习语文和英语	每天晚自习我要多花 25 分钟时间学语文，多花 25 分钟学英语。学习内容以复习错题和背诵基础知识为主
	可实现	我希望语文和英语能考高分	我的语文和英语单科成绩最高都曾都考到过 110 分，这次我要力争考到 120 分
	有关联性	没有想法	如果我的英语和语文都能提高到 120 分，我的综合成绩就能提高到班级前六名
	截止日期	从没想过，只要成绩提高就行	12 月份期末考试，语文和英语都要考到 120 分以上

从表 3-1，我们能看出来，当我们只把想法停留在愿望阶段的时候，就没办法提升行动力。只有制定可量化的目标，才能做到心

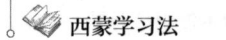

中有数，更愿意实施具体的行动。

3.2 短期目标：满分是我的最爱

初二的王子涵跟我吐槽过妈妈对她的盲目式鼓励。

每次子涵考试前，子涵妈妈都给她加油打气说："闺女，相信自己，你一定能考好！"

子涵这次数学没考好，妈妈对她说："没关系，闺女，下次你一定能考好！"

本来能考好的英语，子涵也考砸了，子涵挺难过的，妈妈仍旧说："只要你相信自己能考好，就一定能考好。"

子涵说："从小到大，我妈妈都让我相信自己。只要相信自己，就一定能行，就一定能成功。有时候一听我妈说这话，我就生气。我相信自己，怎么还总是考砸？怎么还不成功？"

听完子涵的吐槽，我不禁哈哈大笑。如果你家里有一个青春期的孩子，你肯定能想到那些有独立想法的大孩子对父母的质疑和不屑吧。

我对子涵说："你妈妈说得有道理，相信自己确实能提高成功的概率，但她只说对了一半。盲目地相信自己不如制定合理的短期目标。"

我问子涵："你的短期目标是什么？"

子涵回答："我的短期目标是数学能考满分。每次数学都考90分左右，真希望考一次100分啊！"

3.2.1 只靠自信不能考满分

心理学家加布里埃尔·厄廷根广泛研究了"相信自己能成功"

第 3 章　目标：学习不仅仅是为了 100 分

与"相信自己能轻而易举取得成功"这两种不同信念对目标产生的不同影响。

厄廷根做了很多实验。其中有一个实验是关于减肥的。他让一些肥胖的女性参加了一个综合减肥计划。实验刚开始时厄廷根先记录好这些女性对成功减肥抱有怎样的期望。

最后统计的结果是：

1. 相信自己能减肥成功的人，比起那些认为自己会失败的人，多减掉 11.8 公斤。

2. 相信自己能减肥成功并且认为减肥道路十分艰难的人，比那些相信自己能轻易减肥的人，多减掉 10.9 公斤。

那些相信自己能减肥成功并且认为减肥困难的人为什么能成为最终胜利者？因为她们深知减肥困难，所以提前做好了拒绝吃美味甜点、吃夜宵等的心理准备。

厄廷根还做了一系列类似的实验，都证明了一个结果：那些相信自己能成功并且认为追求目标是一个艰巨过程的人更容易取得成功。

认为追求目标过程艰难的人之所以会实现目标，是因为他们做了更多的准备，付出了更大的努力，并且为实现目标采取了更多的行动。他们预料到，要想取得成功，就要付出汗水，就会真正地去奋力一搏。相反，那些觉得轻而易举就能实现目标的人根本没有做好充分的准备去迎接未来的挑战，而他们心中的美梦最终破灭时，他们又会失去自信。

学习也是一样的道理。那些不怎么复习却认为即将到来的考试好比小菜一碟的学生总是设想自己能轻松考满分。等成绩发下来时，他们才发现，终究是信错了自己。

在设立目标时用积极的心态思考，相信自己能成功确实是件

51

好事。不想当将军的士兵不是好士兵。但子涵妈妈的鼓励错在哪里了呢？她几句轻描淡写的鼓励给孩子的错觉是取得满分很容易，但实际上子涵每次都不能取得满分或者考个好成绩。"相信自己需要经历一个艰巨的过程才能考满分"和"相信自己能轻而易举地考满分"是两种完全不同的概念。盲目地相信自己并不能取得好成绩。

3.2.2　用心理对照法设立短期目标

心理学家厄廷根总结：树立并实现目标的最好方法是在设定目标时积极地思考我们已经实现目标时的情景，并且切合实际地思考，在实现目标过程中需要做些什么。这种方法叫做心理对照法。在使用心理对照法的时候有以下两个步骤。

第一，首先设想我们已经达到了的目标。

第二，周全地思考实现目标的障碍。

运用心理对照法制定短期目标是一个非常好的方法。我们可以清楚地考虑自己想要什么以及什么在妨碍我们。它可以使我们思路清晰地做出制定目标的决策，也就是说当成功概率较高时，我们会增强实现目标的决心，使目标更有可能实现。而当我们发现实现这个目标难度很大时，我们会适时调整目标，降低目标的难度。

3.2.3　用心理对照法实现满分目标

现在我们运用心理对照法帮子涵制定一个短期的数学满分目标。为了方便大家更好地使用心理对照法，我们用子涵妈妈的盲目自信法和心理对照法做对比，见表3-2。

表 3-2 盲目自信法与心理对照法的对比

方法	是否相信自己能考满分	你觉得取得满分困难吗	会遇到怎样的困难	应对困难的方法	结果
盲目自信法	是	没想到	没想到	没想到	考了90分，很难过，认为"相信自己"是句没用的废话。怀疑自己没有学习数学的天赋，对自己越来越没信心
心理对照法	是	我觉得取得满分是困难的	每次数学考试中几何和代数最容易丢分	(1) 花3天时间了解几何和代数的基础原理；(2) 做5套几何和代数的专项训练习题；(3) 复习错题，重做错题，直到不再出错为止	考了100分，实现了目标，感受到了行动和努力带来的成就感

通过对比可以看出，子涵妈妈的盲目自信法是很难起作用的。在鼓励孩子的时候如果不强调执行过程中存在困难，就会使孩子忽略行动。心理对照法可以引导孩子把关注点放在必要的行动上，从空喊口号转化为现实。

想要实现满分目标，既要想象自己取得满分的状态，还要设想要取得满分存在什么样的障碍。这种思维会帮助孩子做出很多的准备和努力，心理学家将其称为"必须行动"的感觉，这是实现满分目标所需要的、至关重要的心理状态。

在教学过程中，我教会了很多学生使用心理对照法，他们在备考或者寒暑假学习中都会比平常付出更大的努力，释放更大的能量，能更好地制订学习计划，并且实现目标的比例也很高。

3.3　长期目标：除了考试，我们还要终身学习

刘子墨今年六年级，是个超级学霸，每次考试排名都稳居年级前三。刘子墨平常几乎不和朋友玩耍，用他的话说是自己没有朋友。说没朋友也有点过分了，同学们也都挺喜欢他的，但是子墨父母总是不让他出去跟朋友玩，久而久之，他也就没有能说说心里话的朋友了。他没有娱乐时间，课余时间几乎都在学习。

子墨的父母非常重视他的学习，从小就要求他各学科尽量达到满分。我在教子墨之前，他就已经是个超级学霸了。

有一次我问子墨妈妈："子墨学习这么好，有什么秘诀吗？"

子墨妈妈笑笑说："没啥秘诀，反正就是老师要求的，我们都必须做到。我和他爸没文化，都是初中毕业。现在做生意开早点店，特别累，我们不希望他长大像我们一样，所以我们要求他必须把学习搞好。"

我说："你真有福气啊，有个听话的好孩子。所有家长都想让孩子把学习搞好，可是没几个孩子能听得进去。"

子墨妈妈又补充："我不会教他，能做的就是给他找好老师。我们听老师的，老师说什么，我们都听话照做。他跟老师学完，回家之后我就督促他学习，他要是不听话，不好好学，我和他爸爸就打他。我们可不是吓唬他，我们是真的打。"

我听完不禁唏嘘，父母督促孩子学习可以，但是把孩子打服，不算是明智之举。

能看出来，因为是被迫学习，子墨的观念只是为了考试而学习，为了考第一而学习，他感受不到学习的乐趣，更没有远大的目标。

子墨父母给他灌输的思想是，好好学习的目标就是考上名牌大

学,将来能有体面的好工作。所以子墨也经常说:"考上大学,我就解放了。"

我发现不仅子墨如此,很多成绩优秀的孩子在中小学阶段也都有着和子墨一样的想法,他们虽然不厌学,不叛逆,也很守规矩,学习成绩也很好,但是他们都认为到了大学就不用学习了。现在努力学习的目标竟然是为了将来不再学习或者找个轻松的好工作!

这些孩子并没有真正理解"活到老,学到老"这种终身学习的态度,也对"考得好,就能找到好工作"有误解。就算找到了好工作,我们仍然需要终身学习,学习应该是贯穿我们一生的事业。

3.3.1 西蒙:终身学习的必要性

谈到终身学习,我们先来看看西蒙是怎么做的。西蒙在很多领域都取得过顶尖的学术成就,而他所涉猎的众多领域的学术研究都是上了大学以后才开始的。

西蒙是众所周知的人工智能之父,但他将近40岁才开始接触人工智能。此前20年时间,西蒙主要研究政治和经济,大家都称他为政治学家或经济学家。1955年,西蒙在心理学实验室的研究中,以计算机编程所使用的特殊形式语言来撰写他的理论。他不断地研究学习,后来成为专业的认知心理学家和计算机科学家。

西蒙40岁时研究一个全新领域,这对于很多人来说是不可能的,但是西蒙做到了,而且他的转变速度也非常快。西蒙在自传里写到,获得博士学位后,他仍旧自学政治科学和经济学、计算机科学、认知心理学,同时他也承认如果没有前期的学习积累和终身学习的态度,他不可能圆满完成各领域跨学科的学习。

3.3.2 知识的复利效应

我们为什么一定要把终身学习设立为长远目标？让我们先来了解一下复利效应。

复利效应的公式是 $(1+r)^n$，其中 1 代表我们现在的起点，r 代表每天的进步。哪怕每天进步一点点，只要通过时间的积累和打磨到达了拐点，我们的能力就会指数式增长。爱因斯坦曾说过："复利是世界第八大奇迹，其威力比原子弹更大！"

现在，我们来看看复利效应图（图3-1），尽管曲线一开始增长速度很慢，慢到看不到成果，但是到了拐点就会飞速上升。

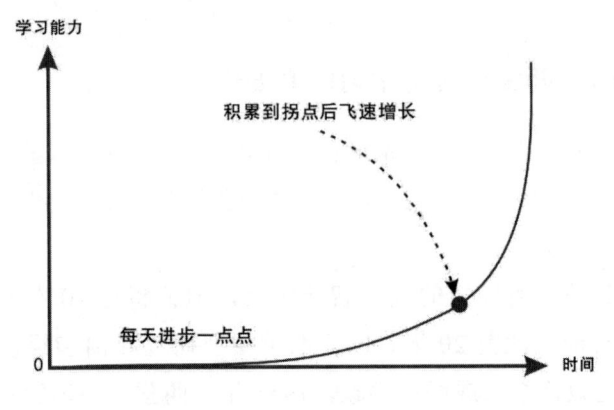

图3-1 复利效应图

知识复利效应也是如此，持续不断地学习，哪怕是微小的进步，只要长时间坚持下去，就一定会实现知识增值。我们从小学到高中所学的只不过是一些基础知识，我们的积累远远没有达到复利效应的拐点。所以只有坚持终身学习，我们才能获得更大益处。

例如，如果我们每天坚持看半个小时书，可能暂时看不出什么效果，但是十几年甚至几十年后，我们会发现很多知识能融会贯通，我们的学习能力也会倍增。

很多名人虽然身居高位，事务繁忙，但他们仍在不断地吸收着当前科技领域的最新知识，一直在学习。例如著名投资人巴菲特，他醒着的一半时间是在看书的。巴菲特还有一位最重要的合作伙伴——查理·芒格，他是巴菲特的智囊。芒格同样把自己的成功归因为持续学习，他说："我非常幸运，在读法学院之前就学会了学习的方法。在我这漫长的一生中，没什么比持续学习对我的帮助更大了。"查理·芒格还说过："我这辈子遇到的聪明人（来自各行各业的聪明人），没有每天不阅读的。沃伦读书之多，我读书之多，可能会让你感到吃惊。我的孩子们都笑话我，他们觉得我是一本长了两条腿的书。"

这些事业有成的"聪明人"，虽然身处不同领域，但都像西蒙一样把终身学习当作自己一生的事业。所以，我们不要把学习当作某个时间段的任务，而是要把学习当作终身事业，成为一个终身学习者。

3.3.3 "精通目标"助力终身学习

想到毕业后还要学习，而且要终身学习，可能有些学生就要崩溃了。别崩溃，终身学习其实没那么难，只需要转变思维：我是以终身学习和进步为目标的。

在我教中学生的时候，发现每个班级总有一些特别的学生，他们更在意自己能学到什么。他们常常提问，即使有些问题他们知道考试不会考，他们也会提问。他们甚至会质疑我的某些学术性解释。能看得出来他们想掌握知识，他们在谋求进步。

心理学家将这种谋求进步的意愿叫做精通目标。有着精通目标的人不会用自己是否达到特定结果（成绩达到满分）来评判自己。

相反，他们用进步来评价自己："我有进步吗？我在学习吗？"他们想要的进步并不是着眼于某一次的优异表现，而是着眼于长期的优异。这种目标以全然不同的方式与自我价值联系起来，因为它们侧重于自我提升，而不是自我认可。

当我们追求精通目标（想要进步）时，不可能将自己学习上的困难或者很差的成绩归因为智商不够，这样做没道理，因为我们还在学习中，还没掌握它！

此时，我们还要为困难和不足寻找其他更加可控的原因。例如，我们是否足够刻苦地学这门功课？是不是该换一种学习方法？是不是应该找高手请教一下？不论我们认为自己的表现会多么糟糕，始终都要保持动力去不断地尝试和学习。

所以，当将关注点放在"谋求进步"上时，我们将在以下两个方面受益。

第一，当局面变得困难时，我们不会气馁。我们更有可能相信，若是继续坚持下去，我们依然能够做好这件事情。

第二，当我们开始怀疑自己能不能做好这件事情时，我们不会因此而丧失动力，因为尽管很难成功，我们仍然可以从中学到一些知识，取得一些进步。

心理学家在几十项研究中发现，以"谋求进步"为目标的人能在工作学习中找到更多乐趣。他们会对过程投入更多的注意力，能全身心地参与其中。因此，在追求进步的过程中，终身学习只是一个顺带的"附属品"而已。让我们从此刻开始下决心做一个谋求进步、终身学习的践行者吧！

3.4 逆努力法：蜗牛型孩子的逆袭秘诀

3.4.1 他不是学习的"料"

张俊宁妈妈刚找到我的时候，一脸愁容。

她对我说："老师，我儿子好像不是学习的那块料儿啊！我天天因为学习的事跟他生气。所有的老师都跟我告状说孩子学东西慢，别的孩子学新知识，老师讲几遍就会了，但是老师给他讲好多遍，他都不会。"

俊宁妈妈顿了顿，又难为情地说："老师，不瞒你说，前段时间我给他找了一个一对一的老师教他英语，老师刚教了他两节课，就说这个孩子她教不了。她说俊宁的脑子不在学习上，原话是'这孩子脑袋不走字儿，我教不了他'。我自己在家里教他也是这样的，他反应慢，我感觉怎么都教不会他。说实话，我也觉得他不是学习的料儿。我都想放弃了！但是他刚上二年级，还要在学校里学十几年，我不能给他的学习判死刑啊！如果现在就放弃了，以后他的学习成绩在学校里就会一直垫底，他肯定越来越不自信，怎么办啊？"

我对俊宁妈妈说："先别着急，孩子还这么小，一定能学好的，只是时间长短问题。你把孩子带过来，先让我看看具体情况。"

3.4.2 蜗牛型孩子的逆袭之路

我把对新事物接受很慢、不擅长学习的孩子称为"蜗牛型孩子"。蜗牛型孩子和我们前文所讲的因为自我设限或者外部环境造成的偏科或厌学的孩子不同。他们的学习态度没有问题，最大的问题在于接受新事物比较慢。张俊宁就属于蜗牛类型的孩子。

就这样，我成了俊宁的英语老师。给俊宁上了两次课，我发现他是个很老实的孩子，不爱说话，也不淘气，上课没有小动作，是个萌萌的乖男孩。鉴于他之前的英语基础，我决定先带他学习自然拼读技巧。上课的时候，我给俊宁讲了三四遍，测试后发现他还是不会。一般的孩子教三四遍就能吸收90%了。我就一遍又一遍地教他，每个知识点教七八次后，俊宁开始有了一点反应，能记住大概30%。

俊宁确实不算是一个聪明的孩子，但是我不能放弃。因为次数重复多了以后，俊宁已经有反应了，说明他肯定能学会，只是时间问题。

我给俊宁制订了一个适合他的学习计划：每次上课只教平常教课一半的知识量，每个知识点带他重复15次左右，他大概能掌握80%。此外，我还给他制订了在家学习半小时的计划：每天花15分钟复习我教的知识点，另外花15分钟往下预习。

俊宁妈妈非常支持我的计划，每天都带他学习30分钟。我还给俊宁妈妈额外制订了一个"妈妈条款"，具体内容是和她约定好：

每天定时提醒孩子预习和复习。

不着急，不批评。看到孩子学得慢，不发脾气，把它当作正常现象。

不求结果。不再测试孩子是否已经掌握了所学知识，只是复习和做好预习。

就这样，我和俊宁、俊宁妈妈三方一起努力，坚持了半年，俊宁学会了自然拼读的技巧。又过了一年多，俊宁已经能够自主阅读一些简单的英文原版读物了。

现在俊宁的英语成绩在班里已经属于优秀。他比之前更自信了，俊宁把我的计划用到了数学、语文的学习上，也取得了很大的效果。

俊宁的逆袭之路说起来容易，但是整个过程需要家长和孩子有极大的耐心和持续的付出。不论是家长还是老师，遇到蜗牛型孩子，都不应该放弃，而是使用"逆努力法则"（Inverse Effort Rule）帮孩子战胜所遇到的困难。

3.4.3　逆努力法则

如果我们必须很努力地去做某件事情，那就表明其实我们并不擅长它。这时候需要用努力弥补能力的不足，也就是所谓的"勤能补拙"。心理学上把这个法则叫做"逆努力法则。"

对于蜗牛型孩子来说，学习不是轻松的事，他们不是天赋型选手，难得的是他们肯使用逆努力法则，迎难而上。

想想古今中外的名人，并非都像莫扎特一样有天赋。很多名人都是使用逆努力法则，靠勤奋和努力，最终才学有所成。

例如中国近代政治家、文学家曾国藩，他小时候天资并不高，甚至可以说是有点笨。他14岁开始考县试（科举里最低级别的考试），一共考了7次，直到23岁才考上。

曾国藩自幼学习就非常吃力，学知识比常人慢，是典型的蜗牛型孩子。据说，有一天晚上，曾国藩在家里读书学习，有一篇文章，他背了很多遍也背不下来，他就一遍一遍地重复背。夜已经很深了，他仍然没有背下来。这可急坏了一个人。原来，他家里来了一个贼，早就潜伏在了他家的房梁上，想等曾国藩读完书睡觉之后再偷东西。但是没想到一篇文章，曾国藩竟然背了好几个时辰都背不下来。最后，小偷实在是等不及了，气得从房梁上跳了下来，当着曾国藩的面把文章一字不差地背了一遍，留下一句："这种笨脑袋，还读什么书啊？"就扬长而去。

通过这个故事，我们可想而知曾国藩对学习是多么不开窍。但是曾国藩硬是通过逆努力法则，不屈不挠，后来一路考到了翰林学士，又成为著名的政治家。

心理学家尼斯比特在《开启智慧：其实你我都可以更聪明》里写到，智商的可遗传度不会限制其可变度。即便我们的基因在某种程度上决定着我们的初始智力，却不一定意味着我们最后能有多么聪明。那些有机会去学习知识的人，确实会变得更聪明。智力本身有很大的可塑性。

3.5 长期主义：让学习有始有终

张静瑶现在上四年级，是一个聪明伶俐的女孩。张静瑶成长在现代民主式家庭，父母很开明，自幼就让她自己的事自己做决定。静瑶想吃什么、穿什么、学什么从来都是自己说了算。例如，课外兴趣班的选择，父母从不代替她做决定。父母通常是先带她去上试听课，再问静瑶的决定，如果她不愿意学，父母也从来不强迫她。只要静瑶喜欢学什么，父母就全力支持，给她找最好的老师。

虽然静瑶的父母非常民主，但静瑶并没有如父母所愿，把自己当初选择的科目学好。相反，到目前为止，静瑶上过十几个兴趣班，都半途而废了。每次静瑶放弃的借口都只有一个——太难了，坚持不下去。对于所有学科的学习，静瑶都是刚开始学得火热，没过多久就越来越没兴趣，直到彻底放弃。

最近，静瑶父母开始反思自己的教育方式了。现在静瑶年龄也不小了，总是半途而废，他们担心孩子以后学无所成。

3.5.1 学习半途而废的原因

静瑶放弃学习的原因主要有两个。

一是父母的教育理念过分强调民主。

什么都尊重孩子，孩子学习中途放弃也都依着她，导致孩子随心所欲地放弃，没有体会过坚持做一件事的意义。

二是学习遇到了瓶颈。

静瑶和很多半途而废的孩子一样，初学一门知识的时候有很大的决心和目标。但是学习遇到困难时就会投降、放弃。

静瑶资质聪明，本来对于她来说任何一个学科都能学好，但她吃了不能坚持到底的亏。父母和老师一定要鼓励孩子完成学习目标。想让孩子顺利完成学习目标，就要和孩子一起改变信念，并教他做一个"渐变论者"。

3.5.2 智力内隐：做个"渐变论者"

在心理学中，公众对智力、个性、价值观等持有的信念被称为"内隐理论"。在这里我们只讨论智力内隐。智力内隐有两种：一种是智力实体论，另一种是智力渐变论。

智力实体理论者认为每个人的智力都是一定的，任何人做任何事都不能改变他的智力水平。

而智力渐变论者认为智力是可塑的，可以改变的。任何人都能够借助经验和学习来提升智力。也就是说人们在自己一生中的任何时刻都可以变得更聪明。

我们可以静下心来想想，我们是属于实体论者还是属于渐变论者？可能我们以前都不曾有意识地思考过，但它正发挥着强大的力量，影响着我们的学习和生活目标。

心理学家霍尔沃森曾经讲过自己的一段经历。在她 12 岁那年,她央求父母给她买了一架钢琴,并且上了大概一年的钢琴培训班。后来她意识到,就算是想当一名中等水平的钢琴家,也得付出真正艰辛的努力,于是她放弃了。对于这个决定,她如今总是很后悔。由于当时的半途而废,她再也感受不到弹钢琴带给她的愉悦和满足了。

霍尔沃森坦言说,自己当时是个实体论者,如果她是个渐变论者,就不会犯这种错误。当渐变论者认定自己的能力可以随着时间的推移而增强和提升时,便不会太在乎当前遇到的困难,而是努力应对挑战。挑战对渐变论者来说不是威胁,而是学习新技能的机会。

另外,如果我们是一个渐变论者,即便是犯错也不代表我们很愚蠢,相反我们会觉得错误本身就是有助于学习和成长的。

在教学过程中,我发现那些成绩拔尖、学习都能善始善终的孩子都有一个共性,他们都是渐变论者。对于他们来说,他们更重视学习过程而不是结果,在不知不觉的努力与积累中取得了优秀的成绩。

3.5.3　西蒙学习法:把知识学透为止

西蒙学习法里重要的一个环节就是强调学习的持续性,定好了目标,就要朝着既定的方向一直持续努力地学习,直到把一门学问学通、学透才能停止。

西蒙跨领域学习了政治学、经济学、认知心理学、计算机科学等多个领域,每个领域他都学到了极致。在自传中,西蒙自述在他研究经济学的时候,遇到瓶颈就转变学习方法。他把学习、研究看作解决问题,将解决问题看作启发式搜索迷宫。他就是这样在学习

第 3 章 目标：学习不仅仅是为了 100 分

的过程中走出了一个又一个迷宫。

每个学生在学习的时候都要做一个渐变论者，探索一个个迷宫，直到走出迷宫为止。如果像静瑶一样对每门学问都浅尝辄止，半途而废，最终不仅会一无所成，还会错过很多新的发现和可能性，更享受不到迎接挑战的过程。

第4章 拆分：把学习分解成最小单位

4.1 简化计划：越简单的计划越有效

李晨宇有个一直以来都困扰着他的难题——总是完不成学习计划。晨宇从小学就试着和父母一起做学习计划，但直到现在上初中了，他还是每次都完不成计划。

例如，本来计划好要早起学习，可每次晨宇都起不来，一拖再拖，直到拖到 7 点不得不起床的时候才起床。

又如，本来晨宇计划好周末要抽出一天时间自学，做好复习和预习，结果睡到了中午。睡醒后，他一会儿看看手机消息，一会儿又忍不住打打游戏。不知不觉一天就过去了。

晨宇最常说的话是"明天再学吧，今天先放松一下""再玩一个小时就学习""还来得及，先看一会电视""好困啊，今天先睡觉，明天早起再补作业"。

每个学生都知道计划的重要性，但是大部分学生都像晨宇一样，虽然做好了计划，却一拖再拖，总是完不成。

4.1.1 为什么总是完不成计划

晨宇不能如期完成计划，最大的问题在于他的计划没有具体到细节。

例如，晨宇的周末学习计划只有两个步骤：一是周末要有一天自学，二是做好复习和预习。

仔细分析这个计划，它毫无意义。很多学生认为这就算是一个计划了，其实它只是概括了一个行动，完全忽略了重要的细节。例如，周末什么时间学？在哪里学？怎么学？要自学什么内容？没有细节的计划是不可能轻易实现的。

4.1.2 形成执行意图

德国康斯坦茨大学的著名社会心理学家戈尔维策曾经做过很多关于做计划的实验。其中有一项实验是在康斯坦茨大学的校园中进行的。

圣诞假期即将来临的时候，戈尔维策和其他实验者们在路上拦住一些正在赶去期末考试的学生，邀请他们参与一项调查，调查的议题是"现代人如何度假"。

戈尔维策和他的学生要求同意参与实验的学生们在假期中写一篇圣诞假日的文章。这篇文章必须在圣诞节过后两天内写完并寄出。实验者指示其中一半的学生，要当场决定什么时候、什么地点写作这篇文章，并把这些承诺当场写出来交给实验者，之后再去参加期末考试。

圣诞节过后，学生们寄来的文章纷纷抵达。据戈尔维策统计，在没有列出写作时间和地点的学生中，只有32%的人上交了作文。而在列出了写作时间和地点的学生中，有高达71%的人上交了作文，是前者的两倍之多。

看到这个结果，各位读者是不是很惊讶？戈尔维策只是使用了非常简单的干预行为，却使得学生们完成计划的比例翻了一番。

后来一系列类似的实验都表明，如果把计划具体到时间、地点，会提高计划完成率。戈尔维策把这类计划叫做"形成执行意图"。

4.1.3 IF 计划法：越简单的计划越有效

戈尔维策做的形成性执行意图实验可以得让我们轻而易举地效仿。如果想顺利完成计划，我们只需要做一个具体的计划，具体到时间、地点以及具体的内容。心理学家霍尔沃森把这个计划方法总结为"如果……，那么……"法，为了便于大家记忆，我把它称作IF 计划法。IF 计划法能够有效地提升我们的计划完成率。

例如，晨宇把周末的学习计划具体到时间、地点和做什么：

周六上午 8 点，我要在书房里自学物理第三单元的课本知识。

把它转变成简单的 IF 计划就是，如果我要自学物理，就要 8 点准时到书房里学习物理课本的第三单元。

没错，IF 计划就是这么简单。简单的一个"如果……，那么……"句型，就能大大提升计划完成率。

可能有人会问，IF 计划这么简单，甚至都不用画表格、做分类，这么简单的计划能奏效吗？

答案是：当然可以！心理学家已经证实，IF 计划法有以下两个好处。

第一，当我们决定了行动的时间和地点时，我们的大脑会发生神奇的反应。制订计划的这个举动，能够让情景或暗示（如果）与既定的行为（那么）之间搭起一座桥梁。例如，晨宇提前把 IF 计划写出来，第二天 8 点、书房、物理课本都会成为触发点，提示他完成计划。

第二，计划在大脑中被巩固，无须使用自制力。一旦"如果"（情景）发生了，"那就"（行为）这一部分便会下意识地启动。也就是说，我们在制订计划时已经详细安排了一切，大脑已经知道要做什么了，它接下来的任务就是不假思索地执行。每到星期六，晨宇的潜意识会提醒他，并把他引到书房。

IF 计划不仅简单，还不用耗费我们的自制力。只要潜意识开始替我们察觉环境中的暗示，并引导我们的行为，我们就不会觉得完成这个计划那么费力了。

像晨宇一样完不成计划的同学，不要再烦恼了，假如你能从简单的 IF 计划开始迈出第一步，那么你离成功完成计划已经不远了。

最后我还想说，没有人可以永远完美地完成所有计划，我们都是在不断的尝试和修正中，慢慢学会如何制订计划。现在，就先从简单高效的 IF 计划开始行动吧！

4.2 搭建组块：压缩知识，为大脑节能

4.2.1 好孩子却取得不了好成绩

魏雅茹性格文静，不急不躁，是父母和老师眼里的好孩子。

雅茹从小就踏实好学，上课认真听讲，也积极举手发言。课间时，别的同学都在聊天，而雅茹不是在认真写作业，就是在看书。

雅茹妈妈说，雅茹在家里也一样爱学习，从来不用催促，作业总是第一时间就能完成。只要有时间，她就抱着一本书看。有时候妈妈叫她吃饭，她像听不见一样，读书读得如痴如醉。

讲到这里，你可能会认为像雅茹这样勤奋好学的孩子，一定名列前茅，成绩优异。然而事实并非如此，雅茹各学科成绩都是中等，日常考试各学科都是 85～90 分。

很多人可能会疑惑，这样一个废寝忘食、踏实勤奋的小书迷怎么会是一个普通的中等生呢？

4.2.2　不是所有的学习都有效果

像雅茹这样的学生不是个例,很多学生都学习很用功,但总是无法取得好成绩。不能取得好成绩的原因主要如下。

不会提炼知识,学过就忘;

大量阅读,只求过脑瘾,不精读,不求甚解;

错误地认为学习就是完成作业和看书。

4.2.3　将知识成倍压缩

如果学过了大量知识,不及时整理、提炼,就会像雅茹一样很快遗忘。所以,我们一定要学会搭建组块,让新学的知识与已有的知识形成一个整体。

搭建组块学习法由《学习之道》的作者芭芭拉·奥克利提出。组块是指根据知识的意义,将一些信息碎片组合成一个有意义的、便于记忆的合集。

为了方便大家理解,我把组块比喻成一个压缩文件包。把知识搭建成组块就像我们把一些零散的文件压缩到一个大文件包里,这样电脑就能腾出更多空间来接收新的文件。同样,如果把知识都组合压缩成有意义的组块,我们的大脑不仅不会遗忘这些知识,还会给其他的新知识留出空间。换句话讲,我们把零散的信息捆绑在一起,减少了记忆单位,做到了为大脑节能。

搭建组块的过程也是锻炼大脑的过程。头脑中的组块越丰富,就越能组建出更强大的组块,也越能形成更多的连接,解决问题也就越容易。在面对各类考试时,我们就能凭借直觉,快速得到正确的答案。

例如,如果我们用新学的数学概念碎片和以前所学的数学知识搭建成一个解题方案的组块,就可以在考试中形成解题直觉,看到题目就能从组块中提取信息，马上做出来。

4.2.4 搭建组块 7 步法

搭建组块学习法尤其适合数学、物理等学科。接下来我们用 7 个步骤，开始搭建属于自己的题库组块（如图 4-1 所示）。

第一步，全程在纸上解答一个重点和难点题目。注意要写出来，而且要把每个解题步骤写详细，做到有理有据。在做题过程中不能以任何原因看答案。

第二步，重做一次，要格外关注关键步骤。不要觉得重复做同一道题奇怪，就像我们弹钢琴，不可能只弹一遍就能流畅地弹一首曲子。

第三步，休息一下，可以去运动或者学习其他学科。这样做的目的是给大脑的发散神经模式留出足够多的时间，让大脑慢慢消化这个题目。

第四步，睡觉，睡前再回忆一下这个问题。如果我们被这道题卡住了，就反过来去聆听问题的声音，我们的潜意识会告诉我们接下来该怎么做。

第五步，第二天尽快再做一遍这个题目。这时候我们会发现，今天比昨天的做题速度更快了，我们甚至不明白为什么当初自己觉得这道题很难。

第六步，给自己添新题。再挑一道难点题目，用之前做第一道题的相同方法来解答这道题。解这道新题也要重复以上五步。如果已经得心应手，就再加新题。

第七步，主动重复。利用走路、运动、回家路上等碎片时间去回想解题的关键步骤。这种主动排演能提高我们回想关键概念的能力，有助于我们在做题或考试中回想要点。

```
1 全程在纸上解答一个重点和难点题目
2 重做一次，要格外关注关键步骤
3 休息一下
4 睡觉前再回忆
5 第二天尽快再做一遍这个题目
6 给自己添新题
7 主动重复
```

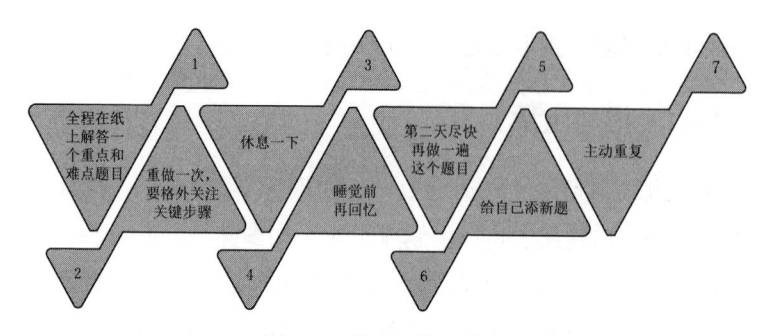

图 4-1 搭建组块 7 步法

以上 7 个步骤就是搭建组块资料库的关键步骤。在不断强化练习的过程中，神经向导把难题内化成组块，以此强化不断连接在一起的神经元网络。当我们在考试中再遇到这些难题，我们的大脑会本能地从组块资料库里提取答案。

最后，我们再来想想做作业是为了什么？老师留作业的短期目标是希望我们能把题目做熟练，最终目标还是让我们取得好成绩。老师布置的作业不一定是每个学生的难点和重点。因此，我们绝对不能为了交作业而写作业，交了作业也不代表我们已经把知识掌握了。我们要学会提炼属于自己的重点和难点，搭建属于自己大脑的组块资料库，这样才能取得好成绩。

4.3 帕累托法：用有限的时间学重要的内容

4.3.1 为什么时间总是不够用

五年级三班的刘子豪可是个大忙人。在学校里，他不仅要学好功课，还身兼大队长和班长的职务。回到家，他还有各种作业。

每天早上 7 点起床，吃完早饭，子豪就匆匆去上学了。到了学校大概是 8 点，子豪先帮老师点名，再督促各小组组长带领同

第 4 章 拆分：把学习分解成最小单位

学们晨读。课间他要帮老师收作业、交检查表，或者维持纪律。下午自习课的时候，除了维持班级纪律，他有时候还要去开小干部会。

这会儿，数学王老师刚下课，她交代子豪帮她把刚才上课讲的习题作业收上来。王老师刚离开教室，子豪正要收作业，班上的几个"淘气包"就趁机偷偷玩起了游戏卡片。学校是不允许带这些游戏卡片来的，他赶忙上前阻止。他还没劝说成功，又有两个同学因为一点小事吵起架来了，恨不得大打出手，子豪又赶紧跑过去劝架。

架还没劝完，上课铃响了，语文老师进来了，子豪才想起来，数学作业还没收呢。只能先上语文课，等下个课间再说了。

下午 5 点放学了，子豪爸爸要接他去上编程课。子豪一拍脑袋，才想起来，哎呀，今天是周四，晚上有编程课，上次编程老师留的作业还没来得及练习呢！老师问子豪怎么没有练习。子豪只好实话实说："太忙了，没时间……"

编程课一共两个小时，从晚上 5 点 30 分上到 7 点 30 分。下课后，子豪爸爸带他匆匆回到家。子豪吃完晚饭，已经 8 点 15 分了，他顾不上干别的，赶紧拿出书包，一项项地完成学校里各科老师布置的作业。幸亏子豪做作业不磨蹭，一般 9 点 15 分左右就能完成作业了。但是子豪并不能保证作业的质量。他不仅写得潦草，还经常忘记老师留的作业。接下来，大概半小时，是子豪可以自由支配的时间。他一般会看看电视或者玩会儿手机。为了保证充足的睡眠，子豪妈妈规定他晚上 10 点必须睡觉。半小时的自由活动之后，子豪就要洗漱睡觉了。

第二天，子豪的学习生活还是一样，从早忙到晚，不分轻重缓急，时间就这样一天天流逝了。

4.3.2 千万不能又"忙"又"盲"

同学们,我们现在来分析一下子豪的时间管理。子豪的时间管理虽然看起来很充实,但实际上并不高效。可以说,子豪的一天过得又忙又盲目。

子豪虽然时间抓得紧,但很多重要的事还是没时间做,比如锻炼身体,打自己喜欢的篮球;又比如阅读,读课外书或者英文原版书;再比如复习、预习,巩固课内课外所学的知识,提炼重点,搭建学习组块。

越到高年级,同学们需要面对的任务就越多。学校里没有时间管理或者任务管理这门课程。而大家往往因为没有时间管理的经验,甚至没有时间管理的意识,无法合理辨别事情的轻重缓急。

时间是最公平的资源,每个人每天都拥有同样的时间,不论是西蒙、费曼、清华北大的学霸,还是子豪,一天都是拥有 24 小时。同样是拥有 24 小时,为什么有的学生能学有所成,有的学生却收效甚微呢?

这就在于任务管理和时间管理的方式不同。有的同学能分清主次,把有限的时间都用在重要的事情上。有的同学不分轻重缓急,看起来很忙,其实忙的大多是不重要的事。管理好时间最重要的一点,就是分清轻重缓急,先做重要的。接下来我将教大家如何学会时间管理。

4.3.3 两个自我管理的法则

比尔·盖茨曾经说过,真正的财富 = 观念 + 时间,所有的成功人士都是安排时间的高手。那些能考上清华、北大的学霸,也都是能够合理安排任务、进行时间管理的高手。

第 4 章 拆分：把学习分解成最小单位

接下来我将给大家介绍两个非常好用的法则——时间管理四象限法和 ABC 任务管理法。

📄 时间管理四象限法专栏

时间管理四象限法由美国管理学家柯维提出，这个方法被世界各地的时间管理专家采用。柯维将任务、事件按照重要和紧急程度划分成了 4 个象限，分别是重要且紧急、重要但不紧急、不重要但紧急、不重要且不紧急。如图 4-2 所示。

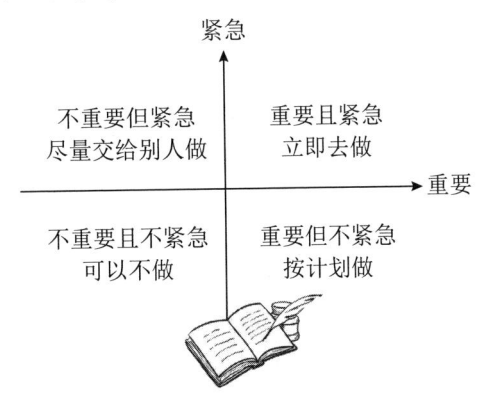

```
              紧急
               ↑
  不重要但紧急  │  重要且紧急
  尽量交给别人做 │  立即去做
               │─────────→ 重要
  不重要且不紧急 │  重要但不紧急
  可以不做      │  按计划做
```

图 4-2　时间管理四象限法示意图

📄 ABC 任务管理法专栏

ABC 任务管理法来源于帕累托法则。帕累托法则是罗马尼亚管理学家约瑟夫·朱兰提出的一条管理学原理。该法则以意大利经济学家维尔弗雷多·帕累托的名字命名。帕累托于 1906 年提出了著名的关于意大利社会财富分配的研究结论：20% 的人口掌握了 80% 的社会财富。这个结论对大多数国家的社会财富分配情况都成立。

约瑟夫·朱兰在管理学中采纳了该法则，他认为在任何情况下，事物的主要结果只取决于一小部分重要因素。这个思想经常被应用到不同的领域，经过大量的试验检测后，它被证明在大部分情况下都是正确的。

ABC任务管理法是指处理任何事情都要区别关键的少数和次要的多数，根据不同的情况进行管理。它把事物分为ABC三个等级。

4.3.4 ABC时间管理法

为了方便大家能够快速学会时间管理，现在我把这两种方法结合在一起组成"ABC时间管理法"。我把同学们的日常事务分为ABC三个等级。

A类任务（必做的）：重要且紧急的事和重要但不紧急的事。例如老师布置的作业、预习和复习、课外拓展阅读、运动，这些都是首选的每日必做的任务。

B类任务（可以请他人帮忙代劳的）：紧急但不重要的事。例如课间帮老师收作业、调节同学矛盾等，这些可以请其他同学协助。

C类任务（如果A和B都已经完成，C可以选做）：不重要且不紧急的事。例如看电视、玩手机，可以不做，也可以在完成A和B后选做。

刚开始，同学们对ABC三个等级的区分可能会比较主观，这时候就需要多和家长、老师探讨什么才是最重要的。

接下来我们带子豪使用ABC时间管理法，帮他理清头绪。

作为班长，子豪在有限的课间十分钟只能做一件事，但是他同时有三个任务：劝架，提醒玩游戏卡的同学，收作业。这时候子豪在大脑应该马上估算,这三件都是 B 类任务,应该请其他同学帮忙,比如找纪律委员等其他小干部劝架和提醒不守规矩的同学,自己先把作业收上来,交给数学老师。

编程老师布置的作业属于 A 类任务,一周一次的作业没有完成,需要检讨,下周要把它放在 A 任务栏里。

课内作业属于 A 类任务,晚上回家吃完晚饭先写作业是对的。

看电视、玩手机属于 C 类任务,做完作业后没有做复习、预习、阅读拓展,就直接选择玩手机是不对的。

我们可以自己绘制一个专属于自己的 ABC 表。每天按照任务栏执行学习任务,高效又轻松。绘制方法可以参考表 4-1。

表 4-1 周一至周五 ABC 表

事项	A 每日必做	B 选做	C 不做或者完成 A 和 B 后再做
课内作业			
兴趣班作业			
复习			
预习			
阅读			
运动			
弹钢琴			
看电视			
玩手机			
聊天			

这个表格非常简单,我们根据事情的轻重缓急在表格里打对钩,还可以根据以上表格,绘制周末 ABC 表、备考 ABC 表或者寒暑假 ABC 表等。等我们能熟练使用 ABC 时间管理法的时候,甚至

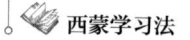

不需要再借助表格。哪些事该做，哪些事不该做，我们的大脑都会直接做出判断。

4.3.5 西蒙：注意学习的专一性

需要注意的是，西蒙学习法强调学习的专一性，要把一门学问吃透、学精。如果想把一门学科学精，就需要大量的时间做练习。在子豪放学后的时间管理中，编程课占用了宝贵的两个小时。如果放学早，比如有的学校下午 3 点就放学，每天放学后去上一个兴趣班是可以的。但是子豪 5 点才放学，兴趣班最好周一至周五只安排一天，这样放学后子豪才能有足够多的时间做预习、复习和阅读拓展等项目，其他兴趣班可以放在周末。这也符合前文所说的，兴趣班不能同期报太多，要控制在 5 个以内。

另外，每个人的轻重缓急的任务都不相同。例如，有些偏科的孩子可能需要花大量时间补习弱科。即使是同一个人，不同时间段的侧重点也不同，要根据具体情况具体分析。最重要的是，孩子在不断的调整和试错中，能分清任务的轻重缓急，做好时间管理，在有限的时间里学最重要的内容。

4.4 思维导图：打造一个有活力的知识库

4.4.1 我遇上了一个很难教的班

我敢打赌，你问任何一个英语老师，英语中的教学难点是什么？他都会毫不犹豫地回答你——语法。

我也不例外，为了教好语法，我用了很多方法，比如把知识点编成一个个有趣的情景故事或者笑话，虽然孩子喜欢听，也能提高他们的理解能力，但是有些孩子一做语法错题还是会出错。

第 4 章　拆分：把学习分解成最小单位

直到我遇到了一个五年级的"淘气班"，我才发明了一种好用的方法，让孩子能有效地吸收语法知识点。

这个淘气班的男女比例是 3∶1，24 个男孩，8 个女孩。每次上课，这个班的纪律都不太好，有几个男孩总是带头接话茬。我教他们语法知识点的时候，虽然他们听得还算认真，但就是懒得做笔记。我要求大家做笔记的时候，发现只有个别孩子在做笔记，大多都是在语法教材上标重点。能让他们安静听课就实属不易，怎么还能监督他们一个个做笔记？

从另一个角度讲，我不能强迫他们做笔记，因为我知道"强扭的瓜不甜"，凡是逼着孩子们做他们不喜欢的事，他们都会应付，达不到我想要的效果。后来我思来想去，最后决定教孩子们画思维导图。既然不想记笔记，咱们就一起画画吧。

教完孩子们画思维导图的 7 步法后，我和孩子们说："这次咱们的作业是要求大家把动词这一节的语法点，画一张思维导图。咱们比比，看谁画的导图结构最清晰，到时候咱们评选出 5 名画得最好的学生，并发给他们奖品。"孩子们都问我有什么奖品，我神秘地眨眨眼说："保密。"

等到下次上课，孩子们都交上来了思维导图，总共 32 张。虽然导图不够漂亮，但是我看得出来孩子们都是比较用心画的。我对大家说："本来我是想评选出来 5 个思维导图优秀作品。但是大家都画得太好了，我实在挑不出来。今天，我们就不发礼物了。"我拿起来一个布袋子袋说，"我只带了五份礼物，不够发，下次课，每人给一个礼物。"看得出来，孩子们都挺开心的。

这里我也使用了积极心理学的方法鼓励孩子们。我特意强调说大家都画得很好，就是想要奖励他们每个人。后来我给每个孩子都发了一支卡通荧光笔，其实现在的孩子哪里缺一支笔，他们更需要的是老师的肯定和鼓励。

从此以后,孩子们的思维导图结构越画越清晰,越画越漂亮。最重要的是,语法的学习,因为有了思维导图的存在,也不再那么枯燥。孩子们对知识的吸收能力提高了,语法测验的准确率也大大地提高了。

我同时也认识到,让孩子们学画思维导图非常重要。

4.4.2 思维导图不只是起笔记的作用

思维导图由著名的英国学者东尼·博赞发明。思维导图就是把大脑中的想法用彩色的笔画在纸上。它的核心思想是把形象思维与抽象思维很好地结合起来,让左右脑同时运作,将思维痕迹在纸上用图画和线条形成发散性的结构,从而达到思考和内化的作用。

简而言之,思维导图所要做的工作是更加有效地将信息"放入"大脑,或者将信息从大脑中"取出来"。

很多学生和以前的我一样,对思维导图的认识有失偏颇。以前我认为思维导图就是做笔记用的。其实不只如此,思维导图还有以下3个好处。

1. 它与我们大脑的工作原理相吻合。通过画图,能把枯燥的信息变成彩色的、容易记忆的图。

2. 它能加强事物之间的内在联系,使大脑里的信息变得井然有序,方便随时调取。

3. 大脑在处理复杂信息时,思维导图是我们内在的"写照",它能使我们的大脑更清楚地"明确自我",提高解决问题的效率。

4.4.3　怎样画一张有活力的思维导图

想绘制一张好的思维导图并不难，只需要准备好彩笔和白纸即可。一共有 7 个步骤，具体如下。

1. 从一张白纸的中心画图，周围留出足够大的空白。

2. 在白纸的中心用一幅图画表达中心思想，可以是最简单的图像，比如一个笑脸。图像不仅能刺激创意性思维，还能强化记忆。

3. 尽可能多地使用各种颜色，因为颜色和图像能让大脑兴奋，还能增添跳跃感和生命力，为创造性思维增添能量。此外，自由地使用颜色绘画也非常有趣。

4. 将中心图像和主要分支连接起来，然后把主要分支和二级分支连接起来，再把三级分支和二级分支连接起来。把分支连接起来，会更容易理解和记忆。

5. 让思维导图的分支自然弯曲，不要画成一条直线。东尼·博赞在讲思维导图起源的课程时说，人的大脑排斥直线，更喜欢接近自然美的曲线。很多人把思维导图画成刻板的直线是错误的。自然的曲线就像自然里的大树一样美，更能吸引我们学习的注意力。

6. 在每条线上使用一个关键词。关键词是表达核心意识的字或词。它应该是具体的、有意义的，这样才有助于回忆。每个关键词就像大树的主要枝杈，然后延伸出更多的、与它相关的次级枝杈。关键词有助于提取核心信息。

7. 自始至终使用图形。思维导图上的每一个图形，就像中心图形一样，可以胜过千言万语。所以，如果我们在思维导图上画出了 10 个图形，那么就相当于记了数万字的笔记。

到此为止，思维导图就画完了。如果我们感觉现在所学的知识在大脑里杂乱无章，或者只是感觉记笔记枯燥无味，那么，可以用一张思维导图来梳理学习材料，它会唤起我们的学习动力，还能帮我们厘清头绪。思维导图示范如图 4-3 所示。

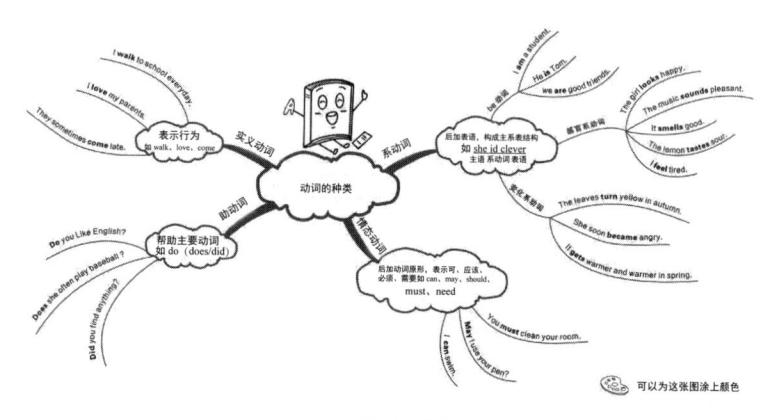

图 4-3 思维导图示范

4.5 闭环学习：每日精进的三件法宝

4.5.1 一个糟糕又美好的暑假

这个故事的主角不是我的学生，而是我。在学生眼里，我是个会好几门外语、多才多艺的老师，是他们学习的榜样。但是有些学生还不知道，我曾经是个英语学渣。

小学时候，我的学习成绩中等偏上。我出生在农村，那是个学习自愿的时代，农村里的人普遍还不太重视教育。父母从来没教过我学习方法。我也不会做预习和复习，只靠还算不错的课堂听课效率，将成绩维持在一个中等偏上的水平。

小升初的时候，我们当地一所很优秀的私立初中招生，并组织了一场大型考试。同班成绩优秀的同学和我都去参加了，考试结果出来，我数学、语文都考了满分。那时候没有英语，也不考别的学科，我以满分第一名的成绩超过了我当时的学霸同桌，而同桌从小到大都是稳居年级第一的好苗子。我非常得意，父母也为我感到骄傲。虽然当时我的家庭条件没那么好，父母还是决定让我去那所学费很高的私立初中上学。

小升初的那个暑假有一个半月之久，为了让我有点事做，我妈给我报名了镇上的一个补习班。用现在的话说，这个补习班是个暑假集训班，需要连续上课一个月，主要学习英语和数学，每天上午和下午我都骑自行车往返8千米去镇里上课。

当时补习班里有60多个孩子，大多是镇里各村的学霸。那是我生平第一次学英语。第一天上英语课我就蒙了，一个"Good morning"怎么这么难读、这么难记？我要在单词旁边标上中文谐音，重复无数次才能勉强把它读出来。26个字母都让我觉得异常地难学。

到现在我都记得，当时我的心理状态："为什么我就是读不好，记不住？而我右前桌的那两个女生就能读得那么好？"

一个星期后，班里进行了第一次英语考试。分数出来，我只考了40多分，不及格。大多数同学考了80分以上，我羡慕的那个女生甚至还考了100分。是的，我成了班里的英语差生。主要原因是我接受新知识的能力很慢，并且不会学习方法。

整个暑假班的英语学习，我都备受打击。我的英语成绩在后面半个多月的时间里有起色吗？实话告诉你们，并没有，我一直都是班里的差生。好在我没有放弃，自己跟自己比还是在进步的，只是进步的幅度太小了，我甚至都感受不到。我当时想："英语太难了，以后我可能永远都学不好英语了。"

那个暑假我感觉糟透了，意想不到的是，英语学习给我未来的学习生涯带来了重大的转机。别急，美好的故事发生在后面。

那年9月份,我带着对新学校、新老师、新同学的好奇和憧憬进入了初中。新学期的英语课堂上,相似的情景出现了,很多同学因为第一次接触英语,学起来很吃力,而我因为提前学过一个月,觉得英语课无比轻松。老师讲的我都会,英语课上,我积极举手回答问题,老师也很喜欢我,我也因此越来越喜欢学英语。

是的,我还是那个我,但是我从补习班的学渣摇身一变,成了新班级里的学霸。自初一到高中毕业,我的英语成绩一直名列前茅。

这件事对我的影响很大,它让我清楚地认识到了自己学习新知识的能力并非我想象得那么强。另外,我也找到了一个学习的秘诀——超前学习(预习)。

4.5.2　学霸都在用的闭环学习法

自从我当了老师,开始教课后,不论一个孩子的英语成绩多差,我都坚信他能学好。我知道初学一门新知识非常不容易,这是我亲身经历过的。我也知道,学霸并不一定都很聪明,但一定有好的学习方法。

教过这么多学生后,我知道学霸和普通学生之间最大的差别不是智商,而是学习环节上的差异。学霸都会使用闭环学习法。闭环学习法是指学习的三个环节:预习、听课、复习。这三个环节形成了一个圆环,保证每个知识点都不被遗漏,形成了一个力量巨大的良性循环。我经常对学生们说:"课前不预习,课后不复习,学不好,白着急。"接下来我将分别给大家介绍预习、听课、复习的方法。

4.5.3 预习：不仅是提前一天

听完我初学英语的经历，相信现在所有的同学都已经认识到了预习的重要性。如果不是在小升初的暑假我笨鸟先飞，那么，我可能就成为不了英语老师了。

预习的主要目的是提前了解接下来要学什么知识，要做到心中有数，等到正式上课的时候才能减轻听课的压力。我从时间、内容、提问三个方面总结了如何做好预习。

第一，选择好预习的时间。

在选择预习的时间方面，很多同学选择提前一天预习，或者当天早晨预习。在这里，我给大家总结另外两个更高效的原则。

一是一学期始于寒暑假的原则。

一学期始于寒暑假，是指从寒暑假开始就预习新学期的各学科内容。这样不仅预习时间充足，还能提早消化新知识。例如像我这样接受新知识能力比较慢的人，等到新学期再预习就会很有压力。另外，新学期正式开始后，白天要上学，晚上放学的时间又格外宝贵，我们应该用有限的时间做好阅读、运动、兴趣特长等其他方面的拓展练习。

二是一周始于周日的原则。

一周始于周日，是指每到周末抽出固定的时间对下周要学的新知识做好预习。具体花费多少时间要看孩子的年龄阶段。三年级以下的孩子预习时间一般是30分钟到1小时，而小学高年级或者初高中生要花一个小时甚至半天的时间来预习，但是因为之前在寒暑假已经预习过了，预习起来还是相对轻松的。

我在指导学生们预习的时候采取的就是以上策略，效果非常好，学生们普遍在新学期的学习过程中都很轻松，学习成绩也十分优秀。

第二，选择好预习的内容。

预习内容也要有重点，我同样总结了两个原则。

一是在课内不擅长的学科上多花时间。

如果有些知识以前已经学过，比如很多同学早已经通过课外阅读掌握了英语基础知识，那就不必再花时间预习了，要在不擅长的学科上多花些时间和心思。

二是做测试题。

预习不能只停留在看书，还要做练习题，以便测试自己是不是真的能看懂新知识。遇到不明白的地方，标记好难点，可以查阅有关的工具书、参考书，试试能不能靠自己把难关攻克。

第三，学会自我提问。

预习完一定要问自己两个问题："这一节的重点是什么？哪个知识点对我来说是有困难的？"然后，把难点和重点有条不紊地总结出来。

4.5.4 听课：5R 笔记法的妙用

如果想提高听课效率，除了预习和提高专注力（专注力问题下章详细讲），还要学会使用 5R 笔记法。

5R 笔记法由康奈尔大学的博士沃尔特·鲍克等人发明，因此又称为康奈尔笔记法。它的核心是把一页笔记划分为如图 4-4 所示的主栏、副栏、总结栏三个区域。

主栏：我们平时上课做笔记的地方，按照平常习惯记录知识点即可。

副栏：是用来归纳主栏内容的，把主栏内容分类总结，写出提纲概要。这样既能起到复习知识点的作用，还能厘清头绪。如果老师只讲半节课的知识点，可以在课上完成；如果老师整节课都在讲知识点，就在课间或者放学后做。

总结栏：就是用一两句话思考总结这页笔记的核心，记录自己的经验和听课感想，方便以后查阅。

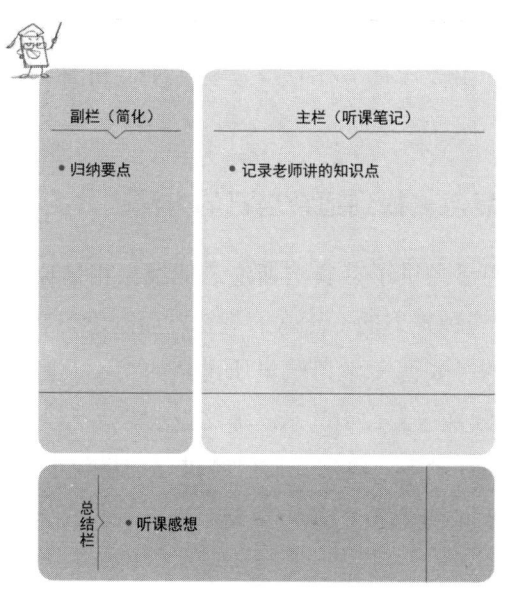

图 4-4　5R 笔记法（康奈尔笔记法）

接下来，我给大家详细讲解用 5R 笔记法高效学习的五个步骤。

第一步，记录（Record）。在听讲过程中，在主栏内尽量多记一些有意义的原理、论据等授课内容。

第二步，简化（Reduce）。及时将原理、论据简洁扼要地分类概括在副栏。

第三步，背诵（Recite）。把主栏遮住，使用副栏中的摘要提示，复述课堂上老师讲过的内容。

第四步，思考（Reflect）。将自己的听课随感、经验体会之类，写在总结栏，可以加上标题和索引，及时归档。

第五步，复习（Review）。抽出固定时间，快速复习笔记，主要是复习副栏，不理解的地方再看主栏。

5R笔记法适用于所有学科的学习，尤其适合小学高年级和初高中的同学使用。这种方法是记与学、课上和课下相结合的有效方法。

4.5.4 复习：找到适合自己的方法

前文我们已经讲了艾宾浩斯遗忘曲线（相信你们到这里还没忘）。遗忘是一种普遍的、正常的规律，而刚学习新知识后的遗忘速度是最快的。如西蒙学习法里所讲，如果不及时复习（持续学习），断断续续烧这壶知识的水，那这壶水是永远没办法烧开的。

复习方法有很多，前文我们已经讲过的搭建组块、思维导图、5R笔记法等都是非常好的复习策略。现在我们再来讲另外一个复习策略——错题本。

用错题本复习是直击要害的复习策略，它能精确地告诉我们哪里是薄弱环节。错题记录方法如下。

首先，准备一个错题本，把平常练习或者考试的错题记录下来。

错题本不用美观，抄错题也可以请"他人代劳"。有些初高中学生的学习时间紧张，抄错题可以使用错题机打印，还可以直接把错题剪下来直接贴在错题本上，节省时间。

然后，定期复习错题本。

错题本至少复习三次，当天复习一次，一周后复习一次，考试前再复习一次。有些文科类的错题在复习的时候重新背诵就可以，理科类型的错题需要在纸上重做一遍。

第 4 章 拆分：把学习分解成最小单位

接下来，做减法——删除错题。那些通过反复复习已经被我们熟练掌握的错题可以打个标记，下次再复习的时候就不用再浪费时间复习了。

很多孩子考试成绩不理想，于是不断地刷新题，从不总结错题，而那些错过的题，还会一错再错。因此，准备一个错题本非常有必要。

需要特别注意的是，复习策略有很多，每个学生都要找到适合自己的复习策略。假如你觉得所学知识点枯燥，提不起来学习的精神，但你喜欢画画，那么就用思维导图进行复习；如果你不喜欢画画，只希望便捷高效地复习，可以使用 5R 笔记法；如果你现在正在为某一学科的低分发愁，不妨使用一学期的搭建组块学习法或者使用错题本进行复习，这些都有助于你取得理想成绩。

最后，我想说的是，不要把学习的希望只寄托在课堂和老师身上。在学习这件事上，只有养成预习和复习的好习惯，才能取得最好的学习效果。

第5章

专注：集中精力，让学习效率倍增

5.1 西蒙之见：有关专注力的问题是个世界难题

5.1.1 坐不住的孩子

二年级的李正轩是个活泼好动的孩子。

从上幼儿园开始，正轩就在班上出了名，所有的老师乃至园长都知道他是个坐不住的孩子。那时候正轩妈妈总是自我安慰：正轩还小，坐不住正常，长大了就好了。

然而，到了小学，正轩还是一个不省心的孩子，老师讲课的时候，他一会儿晃椅子，一会儿东张西望，一会儿玩铅笔，一会儿玩橡皮。老师经常提醒他："李正轩，坐好，好好听课！"

要说李正轩这样活泼好动的孩子不专注，还挺正常的。我们再来看看初一学生王静怡。

王静怡性格腼腆，沉静寡言，学习成绩优异。按理说，她应该是个能专注听课的好孩子，但是上课的时候，她也不能做到专注。有时候课堂上，我提问她我刚讲过的问题，她支支吾吾地答不上来，原来刚才上课的时候她走神了。

我发现，天生好动的低龄孩子或者学习成绩不好的学生都存在专注力不集中的问题。就算是性格沉稳的高年级大龄孩子或者成绩优异的学生，也存在这个问题，可以说这个问题大多数学生都有。只是有的学生表现得不太明显，他可能并没有东张西望或者动来动去，但是他的大脑"出卖"了他，他的思绪不在课堂上，也不在手头所做的作业上，而是早就穿越到周末，幻想着周末和好朋友一起玩游戏的场景。

对于专注力不高的孩子，我深表理解，我们先来看看专注力取决于什么。

5.1.2　你拿到的专注力牌是多少分？

密歇根州立大学曾经开展了一项关于高效能人士的研究，这项研究以4万人为研究对象进行分析。其结果显示，约50%的对工作的热情和专注力可以用先天遗传因素来解释，也就是说，专注力五分天注定，五分靠打拼。

打个比方，自从我们出生的那一刻起，我们每个人都会拿到一张专注力的牌，而且每个人的牌都价值不同。如果把好的专注力用100分计算，那么我们出生后可能得到5分专注力或者10分专注力，最多可以得到50分专注力。

这就可以解释为什么同年同月甚至同日出生的孩子，比如两岁的双胞胎，在专注力上也会表现出很大的差异，有的孩子自己玩玩具就能玩半个小时，有的可能只有三分钟热度。

这给父母的提示是：在专注力上，不要把自己家的孩子跟别人家的孩子作比较。例如，有的家长看到只有两岁的小朋友能自己读书半个多小时就很着急，因为自己的孩子可能读五分钟就跑去玩了。其实，这主要是先天因素决定的。

好消息是，后天因素可以改变专注力，如果能够尽早帮助孩子提高专注力，同样能提高孩子的学习效率。

遗传是不能改变的，接下来，我们要做的就是就把后天因素里的50分专注力全部拿到手。当然，这并不容易。

5.1.3　西蒙：专注力的真相

为什么说想获得后天的专注力不容易？西蒙说过："接收信息会消耗我们的专注力。接收的信息越多，我们的专注力就越弱，而且我们还需要进一步分配本来就很弱的专注力，这使得我们的专注力变得更弱了。"

很多名人也存在专注力不够的问题，比如文艺复兴时期的艺术大师达·芬奇，他在绘画的时候，经常画着画着便专注力不集中，就去干别的事了。《蒙娜丽莎》这幅举世闻名的著作，达芬奇竟然画了16年之久。看来，不仅我们普通人有专注力的问题，名人也一样。

西蒙还指出："在信息量激增的社会中，专注力是最重要的资产。"试想一下，在上课听讲的时候，不管老师讲的内容是否有趣，你都能做到专心致志听讲；在预习功课的时候，你能做到心无旁骛；在复习的时候，你能集中精力，那么你能节约的时间和提高的效率是不可估量的。

接下来，我会讲解提高专注力的方法，相信你会因此而有所收获。

5.2　投喂专注：吃对饭，也能提高专注力

5.2.1　轻松专注：MIND饮食法

特别声明，这一节是写给父母的。

在提高专注力方面，如果说哪种方法最轻松，那莫过于MIND饮食法了。是的，先从"投喂孩子"开始，只有吃对食物，才能提高脑力，轻松提高专注力。

第5章 专注：集中精力，让学习效率倍增

MIND饮食法是一种专门针对大脑健康的饮食模式。我们可以把它理解为"为了提升脑力而开发的饮食法"。

拉什大学的实验结果显示，MIND饮食法能使人们患抑郁症的概率降低11%，使阿尔茨海默病的发病率降低53%。

按照MIND饮食法的标准，给孩子多吃以下9类对大脑有好处的食物，具体食用的量，大家可以参照表5-1。

表5-1 MIND饮食法

类别	例如	建议摄入量	每份用于测量
全谷物	糙米、燕麦等	一日三餐各1份	约一个拳头大小的量
绿叶蔬菜	菠菜、莴苣等	一天1份	约为双手捧起来的量
其他蔬菜	西兰花、洋葱等	一天1份	约为双手捧起来的量
豆类	大豆、小扁豆等	一天1份	约为单手捧起来的量
水果类	蓝莓、草莓等	一周2份	约一个拳头大小的量
禽肉	鸡、鸭等	一周2份	约为单手捧起来的量
海鲜类	三文鱼、鲱鱼等	一周1份	约为单手捧起来的量
坚果	核桃、巴旦木等	一天1份	约为拇指大小的量
橄榄油		用来烹饪或调味	约为拇指大小的量

因为实践的时候我们很难把握食物的克数，所以研究者建议用手测量。

另外，MIND饮食法还总结了7类对大脑有害的食物，也给出了摄入量上限，大家尽量少吃，参考表5-2。

表5-2 MIND饮食法中7类对大脑有害的食物

类别	摄入量上限
红肉或加工肉	一周最多400克
点心或零食	一周最多吃5份
油炸食品	一周最多吃1份
奶酪	一周最多吃80克

续表

类别	摄入量上限
黄油和人造黄油	每天最多1小勺
快餐	一周最多吃一次
在外面吃饭	一周最多吃一次

研究数据表明，坚持MIND饮食法1～2个月就能改善脑功能。

5.2.2 饮食日记法

任何事情都是说起来容易做起来难。我能猜到家长在想什么：如何抑制点外卖和带孩子吃快餐的冲动？如何改变只给孩子做喜欢吃的食物的习惯？如何保证每周都能坚持贯彻MIND饮食法？别担心，为了能让大家的MIND饮食计划如期进行，接下来我将给大家介绍铃木祐在《驯服你脑中野兽》中所提出的一种好用的饮食日记法，我和身边的朋友都使用过这个方法，非常有效。

介绍饮食日记法之前，我们先来看看谢菲尔德大学曾经做过的一项研究。这项研究聚焦于"记录能改善健康吗"这一问题，实验对象足有19951人之多，实验统计结果如下：记录每天行动的人，健康饮食的次数增加了；记录的次数越多，越容易养成良好的饮食习惯。

因为每记录一次，文字就会提醒我们的目标：要保持健康，要提高脑力，要提高专注力和学习效率，从而让我们越来越坚定地坚持MIND饮食法。

因此，从现在开始，像写日记一样记录下自己每天吃的食物，这样就能清晰地看到，我们将MIND饮食法践行到了什么样的程度。

5.2.3 如果能让写日记变得简单

写到这里,我又猜到大家在想什么了:写日记多麻烦!

我能理解,尝试一种新习惯,我们本能会觉得它有点麻烦,但是别忘了我们的目的,这可是最轻松的提高专注力的方法了。

记录饮食日记并不难,下面介绍两种方法。

1. 简单日记法

使用纸和笔(或者手机备忘录)记录。每天晚上随手记录是否遵守了 MIND 饮食法。记录时,先注明日期,若遵守了,就在日期后写"是",若没遵守,就写"否"。

2. 饮食计分法

饮食计分法是按每天的饮食来打分。吃对大脑有益的食物,则加分;吃对大脑有害的食物,则减分。为了方便大家打分,我们把每类食物的计分都以"2"为单位。具体计分就按表 5-3。

表 5-3 饮食计分法

对大脑有益的食物	分值	对大脑有害的食物	分值
全谷物	2	红肉或加工肉	-2
绿叶蔬菜	2	点心或零食	-2
坚果类	2	油炸食品	-2
豆类	2	奶酪	-2
禽肉	2	黄油和人造黄油	-2
其他蔬菜	2	快餐	-2
海鲜类	2	在外面吃饭	-2

通过这张计分表,我们就可以计算每天能吃多少分了,最高分是 14 分,最低分是负 14 分。记录两个月后再看看自己的饮食物情况,我们会发现,整个家庭的饮食越来越健康,孩子的脑力和专注力也会随之提升。

5.3 刻意专注：一个有战斗力的番茄

5.3.1 这孩子怎么没自制力呢

王佳宁马上要中考了，各学科的学习压力都很大。

初三这一年，放学或者周末，佳宁几乎没安排过娱乐活动，除了运动，就是在家学习。虽然长时间宅在家里学习有效果，但是学习效率并不高。

比如周六早上 8 点半，佳宁吃完早饭，拿出英语笔记本，准备背单词。笔记上有个单词 oversight 是"疏忽"的意思。但是上课的时候英语老师好像说过它还有别的意思，是什么来着？佳宁怎么也想不起来了，于是他拿出手机，准备查一下单词，结果，手机屏幕上好多条推送信息，佳宁下意识地就打开了微信，想看看微信群里同学们在说什么。接着，他又很自然地和在线的同学们聊了一会儿。等他回过神来，已经 9 点多了。

佳宁自言自语："刚才我要干什么来着？"他突然想起来，哦，要查单词。单词查完了，他记好笔记。本来可以继续往下背单词，佳宁又突然觉得自己有点口渴。他离开房间，又去客厅里倒水。谁知三年级的弟弟正在客厅里玩佳宁视如珍宝的飞机模型，佳宁赶紧一把抢过来，还不忘顺便对弟弟进行一顿批评，并警告他不要再乱拿别人的东西。

佳宁回到房间才想起来，水还没倒呢，然后又去倒水。按理说喝完水该好好学习了，但是不知怎么回事，他突然想起了第二天和同学约好了去踢足球的事……想着想着，他又要去上厕所。上完厕所回来，佳宁一看表，已经 10 点多了，自己竟然还没背完 40 个单词！

每次佳宁在家自学的学习时间都是如此,一会儿干点这,一会儿干点那。往往是等他回过神来,想学习的时候,一个多小时已经过去了。表面上他把自己关在房间里好好学习,其实宝贵的时间都被浪费了。

讲到这里你可能会感到有点奇怪:既然佳宁想中考取得好成绩,为什么不做出改变呢?

5.3.2 "本能脑"和"超能脑"

早在17世纪,思想家就提出了"感性"和"理性"的冲突。19世纪末,弗洛伊德又提出了"本我、自我、超我"的人格理论。

本我,是指原始的自己,包含生存所需的基本欲望。本我按快乐原则行事,目标是求得个体的舒适,它是无意识的。

自我,是自己可意识到的思考、判断或记忆部分,它的作用是寻求并满足"本我"的欲望,它为本我服务。

超我,代表理想的我,它是个体在成长过程中通过道德规范和社会文明的方式去优化本我。

为了方便大家区分,我们把佳宁出于好奇心点开微信聊天、渴了喝水等本我和自我的行为称为"本能脑";假如佳宁能克制自己不看手机、不喝水,一心一意地学习,这些超我的行为称为"超能脑"。

自20世纪80年代以来,脑科学不断发展,更有力地证明了"本能脑"和"超能脑"的冲突和矛盾。脑科学家证实:在人的大脑中,前额叶皮层和边缘系统的想法不一样。前额叶皮层属于"超能脑",边缘系统属于"本能脑"。

前额叶皮层是在人类进化的晚期形成的,它更擅长解决复杂事务。而边缘系统则是在人类进化初期形成的,它控制吃饭、游戏等轻松的事务。例如，当我们在为"是学习还是玩游戏"而犹豫的时候，前额叶皮层主张去学习，边缘系统则会驱动我们去玩游戏。

在青春期，大脑的发育顺序如下：首先发育的是掌管肌肉运动的小脑，然后是与快乐中枢相关的伏隔核，最后才是前额叶。因此，对于十几岁的孩子来说，他们大脑的前额叶还没发育好，往往还处于"本能脑"的支配之下，很容易做出一些让家长觉得很不可思议的行为。

孩子的大脑就好像只有油门，没有刹车。所以，回到前文的那个问题，为什么佳宁不做出改变呢？其实他最大的问题恰恰在于他完全意识不到"可以改变"和"应该改变"。

就算是大脑前额叶已经发育成熟的成年人，也不能完全保持理性。毕竟超能脑的发展只有20万年，而本能脑已经发育了600万年。超能脑怎么能轻易与本能脑抗衡？还好，我们的超能脑很理性，又擅长处理复杂事务，我们可以借助智慧和好方法取胜。

5.3.3 番茄工作法：战胜精力涣散

接下来介绍一个战胜注意力涣散的好方法——番茄工作法。它能帮助我们在学习过程中有效地提升专注力。

番茄工作法由意大利人弗朗西斯科·西里洛于1992年提出。弗朗西斯科和很多普通人一样，因为专注力涣散而苦恼。直到有一天，他在厨房里看到一个番茄形状的计时器而获得灵感。他把计时器调到10分钟，强迫自己刻意专注学习，效果非常好。后来他又将这个方法改进，形成了现在我们所熟知的番茄工作法。

番茄工作法有如下五个步骤。

第一步，选择一个要完成的任务。

第二步，设置闹钟时间为25分钟。

第三步，专注学习，不做任何与学习无关的事，直到闹钟响起。

第四步，休息 5 分钟，可以活动几分钟或者喝水、上厕所等，然后开始下一个番茄时间。

第五步，每 4 个番茄之间可以增加休息时间，如 15～30 分钟。

番茄工作法看似很简单，其中却蕴含着提升学习效率的大学问。这个方法既适合大人，又适合学生。接下来我给大家总结一下，它在哪里藏着大学问。

第一，开启闹钟，驱动我们停止拖延，马上行动。

第二，利用紧迫感强化我们的专注力，有效阻止走神。

第三，合理地运用了脑科学。大脑以 25 分钟专注模式和 5 分钟发散模式结合起来工作。休息时思维发散，大脑"潜意识"仍然会思考之前的问题，甚至可以带给我们更多的灵感。

第四，有助于我们及时获得成就感。学习任务被拆分为多个番茄，每个番茄以 25 分钟为单位，完成一个，就有了成就感，它刺激着我们不断完成任务。

在使用番茄工作法的时候，有三个需要特别注意的地方。

第一，做好准备。

在开始番茄时间前，准备一个番茄计时器、学习所需要用到的物品，提前喝水、上厕所，做好心理准备，一旦番茄时间开始，不能离开书桌。

注意，番茄计时器千万不要用手机或者平板电脑代替。否则"本能脑"很可能指挥我们拿手机看看。也不建议用普通闹钟代替，因为番茄计时器里会发出"嗒嗒嗒"的声音，它会使人感觉到时间流逝的紧迫感。我刚开始使用番茄工作法的时候，用的就是普通闹钟，确实不如后来使用番茄计时器的效果好。

第二，物理隔离。

找一个相对安静独立的学习空间，把手机和平板电脑拿走，并和家人打好招呼，让家人不要打扰自己。遇到不会做的题目时，我们可以自行查阅资料，但不要中途喊家长帮忙，实在不会做的题目，则另找时间请教他人。

3. 时间分配方式

番茄工作法最常见的分配方式是 25 分钟学习时间 +5 分钟休息时间。在《番茄工作法》这本书中也说明了每个人都可以根据自己的实际情况来确定时间分配。

例如专注力比较好的学生，可以学习 45 分钟，休息 10 分钟，这样也符合在学校学习的习惯。如果是专注力比较弱的学生，可以把时间缩短到 10～15 分钟。

番茄工作法可以结合我们前文所讲的 ABC 时间管理法使用，每完成一项学习任务可以在 ABC 表上打钩记录。接下来，我们和佳宁一起来实践番茄工作法。现在时间是早上 8 点 30 分。

第一步，准备好番茄计时器、ABC 任务表、学习所需要的一切物品。（大概需要 5 分钟）

第二步，把手机和平板电脑交给父母或者放在别的房间。提前喝水、上厕所。注意：查单词可以用纸质版词典或者专用的词典笔。（大概需要 3 分钟）

第三步，告诉自己，一旦开始定好闹钟，绝对不离开书桌。然后拧开闹钟，定好 25 分钟。这时候时间是 8 点 39 分。

第四步，按照 ABC 表，先背上周新积累的英语单词，背完 40 个单词正好用了 14 分钟，番茄钟还没响。佳宁继续做数学习题，11 分钟后，叮铃铃，番茄钟响了，数学题还差两道题没做完。佳宁做到了 25 分钟没有离开书桌，而且一直在专注学习，他自己非常满足，很有成就感。现在刚刚 9 点 04 分，他已经背完了单词，数学练习题也快做完了。在没有使用番茄工作法的时候，佳宁磨蹭到 10 点多还没背完单词。

第五步，番茄钟响起后，佳宁立刻又定了 5 分钟休息时间。他起身去喝了点水，和弟弟聊了几句，又在客厅转了一圈，做了几个开合跳。5 分钟后番茄钟又响了。他立刻回到自己房间进行下一个番茄时间，他继续做完最后两道数学题，然后开始复习语文基础知识……

就这样，佳宁用了 4 个番茄钟的时间，在 10 点 38 分的时候，超前完成了所有 A 类学习任务。这些任务本来是打算用一天的时间来完成的，没想到只用了两个小时。佳宁不禁感叹，原来番茄工作法效率这么高！

好了，佳宁的番茄工作时间就讲到这里了。你也试着制订一个专属于你的番茄工作法吧，你会像佳宁一样，惊讶于这个有战斗力的番茄！

5.4　刺激专注：有趣的专注力仪式

5.4.1　有力量的仪式感

除了使用番茄工作法之外，还有没有更好的方法来提高专注力？

当然有！我们先来看看上海大学曾经做过的一项实验。

上海大学以 93 名肥胖女性为实验对象，要求她们每天摄入的热量不能超过 1500 卡路里。研究者把实验对象分成了两组，并分别对她们提出了不同的要求。

第一组，吃饭的时候不干其他的事，专心致志地吃饭。

第二组，吃饭前要按研究者的要求举行如下三个步骤的饭前仪式：第一步，把食物切成小块；第二步，将切成小块的食物左右对称地摆在盘子上；第三步，吃饭之前，用叉子或者勺子轻轻敲三下盘子。

实验结果令人出乎意料，第二组举行了饭前仪式的女性比第一组摄入的热量少20%，而且她们更喜欢选择蔬菜、水果等健康食物。

研究团队还做了其他类似的实验，结果都表明"吃饭之前轻轻敲几下桌子""吃巧克力之前闭上眼睛数三秒"等仪式令人的自我控制能力提高了，人们选择更健康的食物的概率也增加了。

很多运动员都有自己专属的仪式，比如著名奥运冠军邓亚萍在她的著作《心力》里说过，只要到了球馆，她就马上打500个正手拍，作为开场仪式。又比如澳大利亚跨栏运动员米歇尔·詹尼克，每次在比赛前都要跳几个独创的舞蹈动作，作为赛前仪式。

近年来类似的研究越来越多，更有研究者指出，在做认知测试前，打10次响指的仪式竟然能使测试成绩提高21%。

原来，我们常说的"仪式感"竟然有这么大的力量。

5.4.2 怎样创造专注仪式

想要集中注意力，我们一定要学会创造专属于自己的专注仪式。接下来，教大家两个创造仪式的方法。

第一，做个动作开场。

在学习前，我们可以做几个能让自己提神的动作，作为开始专心学习的仪式。例如，转三圈笔，然后就开始专心做数学题；敲三次桌子，然后就开始专心背单词；跳三下，然后就开始专心背文言文。

第二，用简单任务开场。

像邓亚萍到了球馆就打 500 个正手拍，就是以简单任务开始的仪式。例如，要完成做作业的任务，如果我们喜欢或者擅长做数学题，那就可以先从做数学题开始。之所以从简单的任务开始，是因为我们的本能脑害怕复杂的事物，做一些简单的事，本能脑会有及时得到回报的成就感。注意，简单的任务不要占用太长时间，5～10 分钟就可以，它只是一个"欺骗"本能脑要干活的方式。

5.4.3　让仪式自动化

创造仪式最重要的是仪式结束以后，就要立刻做重要的工作。此外，如果确定了一个仪式，就要坚持下去，每次开场前都先举行这个仪式。

那么到底要重复多少次才能让仪式自动化呢？

2015 年，维多利亚大学做了一项实验。研究者对刚加入健身队伍的人进行了 12 周的观察。他们把实验对象分为两组，调查了坚持运动的人和没坚持运动的人的区别。

第一组是一周去健身房 4 次或者 4 次以上的人，第二组是一周去健身房 4 次以下的人。从调查开始到第 6 周，两个小组坚持锻炼的概率都在增加。但从第 7 周开始，两个小组出现了很大的差异。一周去健身房少于 4 次的小组，从第 7 周到第 12 周坚持锻炼的概率开始下降；而一周去健身房 4 次以上的小组，从第 7 周开始坚持锻炼的概率仍继续增加。

这给我们带来的启示是：想要仪式自动化，一周至少重复 4

次；如果在第 6 周之前做不到，就会恢复原状。

当然，这个结论仅适合去健身房锻炼的仪式。如果是更简单或者更复杂的仪式，需要的时间就会不同。

伦敦大学的一项研究显示，像早上起床后喝水这样简单的仪式，坚持 2～3 周之后就能自动化，而像每天做 50 次仰卧起坐这样困难的动作需要坚持 254 天才能自动化。

多项研究显示大部分仪式只需要坚持 40～60 天，就能自动化。

创造仪式的方法都比较简单，相信我们只需要以每周 4 次以上的频率坚持 6～9 周，很快就能让仪式自动化。仪式自动化后，我们无须再使用超能脑，本能脑会马上开启行动，使我们集中注意力，专心学习。

5.5 延长专注：驾驭大脑里那头野兽

5.5.1 脆弱的注意力

做完开场仪式后，我们能坐下来学习了。但有些同学可能会有新的问题：坐下来了，但只坚持学习了 10 分钟就想休息怎么办？如何延长专注的时间？

加拿大卡尔顿大学的蒂姆·皮切尔博士曾经对学生展开了一系列的研究，最后他发现了影响专注力的两大因素：枯燥乏味的学习和有难度的学习。

这两个因素用"本能脑"也能解释。枯燥乏味的、有难度的知识都是本能脑不喜欢的，我们都知道，本能脑更喜欢游戏和简单的事。

有研究显示，我们平均以 40 秒 1 次的频率被其他信息吸引和干扰，在学习的时候，每次我们都要与大脑里那头情绪野兽（本能脑）做斗争，它时不时地就会提醒我们：看看手机吧，喝点水吧，休息一会儿吧……

如果和这头野兽斗争失败，我们需要 20 分钟以上的时间才能重新集中注意力。这么算下来，一天能浪费三四个小时的时间也就不足为奇了。前文提到的学生王佳宁就是个例子。他本来已经坐到了书桌前，但是无数次被大脑里的情绪野兽打扰，等他再集中注意力学习的时候，时间已经浪费了一个半小时。

5.5.2 学霸是这样延长专注力的

高二学生李涵予，从小到大都成绩优异。她不仅课内成绩好，还多才多艺。她擅长跳舞，会弹钢琴，会拉小提琴，精通日语、法语等。在小学和中学阶段她得过很多次英语演讲比赛的全国冠军。

像涵予一样能从小学到高中一直保持优秀的成绩，还能兼顾学好课外特长的孩子并不多。

我曾经问涵予："你有没有觉得学习枯燥的时候或者不想学的时候？"

涵予微微皱眉说："当然有啊！比如小时候学小提琴，非常枯燥，拉不好的时候声音跟锯木头似的，特别难听，便不想再拉了。"

我又问："那你是怎么咬牙坚持下来的？"

涵予回答："每次我都在快坚持不住的时候劝自己，咬咬牙，再坚持 5 分钟，别停下来。等过了那 5 分钟，我就感觉学习状态又慢慢好起来了，不再觉得那么苦了。"

我接着问："那你现在还讨厌拉小提琴吗？"

涵予说："学得越来越好了，拉的曲子也越来越好听了，不讨厌了。"

听完涵予的回答，我对她竖起大拇指。

5.5.3 "5 的法则"

学霸涵予所用的方法正是很多学霸都在用的"5 的法则"。

"5 的法则"里的"5"指的是，在专注力被本能脑动摇，自己想放弃的时候，给自己"+5"，5 可以是 5 分钟、5 道题、5 页书。例如：想停止背单词的时候，告诉自己，再坚持 5 分钟；想停止写数学题的时候，告诉自己，再写 5 道题；想停止看书的时候，告诉自己，再看 5 页；想停止练钢琴的时候，告诉自己，再练 5 遍。

我们还可以把"再坚持 5 分钟"写在纸上，贴在书桌附近的醒目位置，用来在专注力不集中的时候提醒自己。

研究显示，我们的本能脑虽然经常产生贪玩的情绪，但幸好这种情绪持续的时间非常短，最长只能持续 10 分钟左右，只要熬过这段时间，这头野兽的力量就会减弱，我们的超能脑就能占据上风。所以，当本能脑呼唤我们"看看手机"的时候，我们可以再坚持 5 分钟。很快这头野兽就老实了，5 分钟后，我们肯定不会再想看手机了。

学霸涵予就是在专注力快要被分散的时候，靠"5 的原则"及时驯服了本能脑这头野兽。持续使用"5 的原则"一段时间后，我们甚至可以在学习的时候达到心流状态。

📄 心流状态专栏

心流在心理学中是指将个人将精力完全投注在某种活动上的感

觉。心流状态是指人们在专注进行某种行为时所表现出的一种不愿意被打扰的心理状态,也被称为"抗拒中断",心流产生的同时,人会有强烈的满足感和充实感。

5.5.4 怎样进入学习的心流状态?

我们应该都经历过心流状态,例如,有时候我们认真做数学题,忘记了周围的一切,做完了才发现时间已经过去一个小时了,但我们一点也不觉得疲劳,反而觉得非常充实和满足,这就是心流状态。

心流状态是学习最理想的专注状态。那么,怎样才能进入心流状态呢?这也需要我们刻意地练习。

第一,创造极简环境。

书桌上只放书和笔等学习资料,不要放手机和平板电脑。有条件的同学可以去自习室或者图书馆学习,越安静的环境越有利于快速进入心流状态。

第二,学习资料触手可及。

学习前,先把所需要的学习资料、工具、水瓶等都放在手边,防止中途因为找东西而打断注意力。

第三,学会用正念解离干扰信息。

正念指的是,当我们想做一件受本能脑支配的事的时候,先对这件事用正念进行分析。

例如,当本能脑想看手机的时候,我们用正念来解决这个问题。我们用旁观者的角度分析想看手机的这个情绪,我们问它:想看手机是必须的吗?身体的哪个部分有玩手机的需求?看手机有什么益处和坏处?当我们去分析它时,就会发现想看手机的这个欲望不再是我们的一部分了。我们越分析它,它就离我们越远,最终达

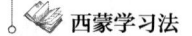

到分离状态。跳出来作为旁观者进行分析，就是一个解离干扰信息的过程。

我们不可能一辈子只做"简单的事"，希望每个学生都能驾驭大脑里这头野兽，等我们驾驭它以后，我们会觉得学习"没那么难"。

第6章

技巧：四两拨千斤的学习方法

有可能造成孩子"应付差事",知识吸收效果因此大打折扣。

其次,没有重视培养孩子的兴趣。在孩子启蒙学习之初,培养孩子的兴趣比单纯地灌输知识更重要。孩子天生喜欢游戏(本能脑所致),尤其是像文杰这样活泼好动的孩子,多和他一起玩一些游戏,在游戏里穿插知识的学习效果会更好。

再次,错误地使用了"1万小时定律"。文杰抗拒学习,为了应付差事,经常偷懒,低效练习。没有效果地练习,别说是1万个小时,就算是10万个小时,也不会出成果。

最后,没有借助外力帮助。文杰妈妈初为人母,并没有育儿经验,如果能找一个有丰富教学经验的老师咨询或者多看教育类相关书籍,就能在辅导文杰学习的时候少走很多弯路。

6.1.3　西蒙:十年习得定律

1973年,西蒙和著名学者威廉·蔡斯发表了一篇关于国际象棋大师与新手的比较论文。西蒙在文中首次提出了十年专业技能习得定律。他推测国际象棋大师能够在常识记忆系统中存储5万至10万个奇迹组块,获得这些专业知识大概需要10年。这就是西蒙的十年定律。

西蒙指出人的"有限理性"体现在学习中就是"情景理性",也就是说,我们在哪里使用这个知识,就在哪里学。例如,文杰妈妈在带孩子学习数学的时候,可以用过家家、开超市的游戏形式做加减法,文杰肯定学得又快又好,也不会因此而抗拒学习。

西蒙十年定律对我们最大的启发是:耐心地保持刻意练习。

6.1.4　真正的刻意练习是什么

《刻意练习》的作者安德斯·艾利克森参考西蒙的这篇十年定

第6章

技巧：四两拨千斤的学习方法

6.1 刻意练习：西蒙的十年定律

6.1.1 被妈妈逼着学的孩子

郭文杰妈妈在某大型国企上班，工作能力十分出色，但因为她只有大专学历，升职时遇到了瓶颈。有些入职比她晚的同事，因为学历比她高，陆续都升职加薪，超过了她。她非常后悔当初自己没有好好学习，只考了一个普通专科。

因为吃了学历低的亏，文杰妈妈比其他家长更重视孩子的教育。她暗下决心，一定要让文杰将来考上一个好大学。于是，文杰妈妈成了一个不折不扣的"虎妈"。

文杰妈妈看过一本书叫《异类》，里面有个1万小时定律：只要练习够1万小时，就能成为该领域的专家。于是她下定决心，一定要付出足够多的时间，带文杰学习。

从文杰3岁开始，文杰妈妈就给他买了各种学习资料，带他学习各种课程，比如背诵古诗词、学习英语、做数学题等。

令文杰妈妈苦恼的是：文杰天生活泼好动，根本坐不住。妈妈带他学习的时候，他总是不配合，一会儿上蹿下跳，一会儿又跑走了，文杰妈妈为此伤透了脑筋。刚开始，她还很有耐心，别管是"威逼"还是"利诱"，每天都能带孩子学一点。可是时间长了，她的耐心终于被"磨破"了。

那是在文杰5岁多的时候，文杰妈妈因为加班，回家有点晚了。吃完晚饭,她本来想抓紧时间带文杰一起学拼音,可谁知道文杰磨磨蹭蹭的,不想学。文杰妈妈心想,本来她加班已经很累了,还要挤出时间来陪文杰学习,文杰却不配合!她气得把书扔了一地,拽住文杰就打了他好几巴掌。她一边打,还一边骂:"我辛辛苦苦上一天班,还要带你学习,你还不知道珍惜!你就是欠收拾,说,以后能不能好好学?"

看着妈妈发这么大脾气,又打了自己,文杰哇哇大哭,只好求饶"我好好学"。接着,文杰乖乖坐在椅子前,被迫开始学习。挨打以后,文杰确实比以前老实多了,愿意配合妈妈一起学习,但是学习效果并不理想。

因为妈妈逼得紧,每次布置的学习任务都要很长时间才能完成。文杰还学会了耍小聪明,偷懒。例如,弹钢琴的时候,他知道妈妈听不懂,乱弹一些简单的曲子夹杂在新学的曲子当中;妈妈布置好任务读一本英语绘本,他故意趁妈妈不注意,跳着读,这样能少读几页。这些小聪明,文杰妈妈都不知道,真是上有政策,下有对策。

现在,文杰已经上二年级了,学习成绩中等,也没有养成自学的好习惯。

文杰妈妈心里有个大问号:我对孩子的学习下了这么多功夫,怎么不见效呢?我的教育哪里出了问题了呢?

6.1.2 把"被迫学"变成"热爱学"

文杰妈妈一片苦心,希望孩子能学有所成,可以理解,这也是所有父母的心愿,但是她的方法并不可取。

首先,强迫孩子学习会让孩子厌学。孩子迫于家长的"淫威"而学习,往往会导致厌学,越逼孩子,孩子反而越不喜欢学习,还有可能造成孩子"应付差事",知识吸收效果因此大打折扣。

其次,没有重视培养孩子的兴趣。在孩子启蒙学习之初,培养孩子的兴趣比单纯地灌输知识更重要。孩子天生喜欢游戏(本能脑所致),尤其是像文杰这样活泼好动的孩子,多和他一起玩一些游戏,在游戏里穿插知识的学习效果会更好。

再次,错误地使用了"1万小时定律"。文杰抗拒学习,为了应付差事,经常偷懒,低效练习。没有效果地练习,别说是1万个小时,就算是10万个小时,也不会出成果。

最后,没有借助外力帮助。文杰妈妈初为人母,并没有育儿经验,如果能找一个有丰富教学经验的老师咨询或者多看教育类相关书籍,就能在辅导文杰学习的时候少走很多弯路。

6.1.3 西蒙:十年习得定律

1973年,西蒙和著名学者威廉·蔡斯发表了一篇关于国际象棋大师与新手的比较论文。西蒙在文中首次提出了十年专业技能习得定律。他推测国际象棋大师能够在常识记忆系统中存储5万至10万个奇迹组块,获得这些专业知识大概需要10年。这就是西蒙的十年定律。

西蒙指出人的"有限理性"体现在学习中就是"情景理性",也就是说,我们在哪里使用这个知识,就在哪里学。例如,文杰妈妈在带孩子学习数学的时候,可以用过家家、开超市的游戏形式做加减法,文杰肯定学得又快又好,也不会因此而抗拒学习。

西蒙十年定律对我们最大的启发是:耐心地保持刻意练习。

6.1.4 真正的刻意练习是什么

《刻意练习》的作者安德斯·艾利克森参考西蒙的这篇十年定

第6章 技巧：四两拨千斤的学习方法

律的论文，与西蒙又合作发表了关于国际象棋的专业习得的论文。艾利克森对"刻意练习"进行了大量研究。

很多人对"刻意练习"都有误解。真正的"刻意练习"到底是怎样的？下面我结合前文郭文杰的情况和大家详细讲解。

第一，刻意练习必须是有意为之。

这个"有意"不能是家长"有意"，必须是孩子本人"有意"才行。

例如，文杰妈妈吃完晚饭，对文杰说："宝贝，我们一起玩个好玩的游戏吧？"

文杰兴奋地跳起来，问："玩什么啊？"

因为文杰喜欢画画，文杰妈妈神秘地拿出来几张卡片说："我们把昨天的拼音画在卡片上，好不好？看看谁画得好看！"

文杰马上兴奋地拿起水彩笔和妈妈一起画、一起读起来……这时候文杰的拼音练习是主动的，也是有效果的。

如果文杰妈妈像之前一样，通过打骂、命令孩子学习，孩子就无法取得好的学习效果，这就算不上是刻意练习。

第二，刻意练习的量要足够大。

埃里克森指出，不同学科领域的练习时间并不相同，1万小时定律并不十分科学。例如，想要成为优秀的专业演员，大概需要练习3500小时。想要成为记忆专家，大概需要练习数百小时。又比如，我曾经估算学英语的时间，如果一个孩子能自主阅读英文原版书，大概需要1000~1200个小时的练习。当然，因为个体差异，每个人的练习时间也不一定相同。天赋是影响因素之一，但并不起决定作用。付出时间越多，学得越精，所以一定要大量练习。

第三，刻意练习要有目标，并且专注。

在前文我们已经讲过很多设立学习目标和提高专注力的方法，

一定要使用这些方法带着目的去专注地练习。

第四，刻意练习包含反馈。

所谓的反馈就是知道自己练习到什么程度了。艾利克森提出的方法是一定要给自己找个好导师。每个学生身边都有很多好老师，要虚心地接受老师给的反馈和方法，不断精进。

例如，如果文杰妈妈在带文杰启蒙学习之初，能问问专业老师的意见，那么老师不仅会教她很多有趣的游戏来带孩子学习，还会指导她如何培养孩子的学习兴趣，而不是一味地逼迫孩子学习。

第五，刻意练习要走出舒适区。

美国心理学家诺尔·迪奇曾提出人类对于外部世界的认识可分为三个区域：舒适区、学习区和恐慌区（如图 6-1）。

艾利克森说："对于任何类型的练习，这是一条基本的真理，如果你从来不迫使自己走出舒适区，便永远无法进步。"

学习的三个区域
美国心理学家 诺尔·迪奇

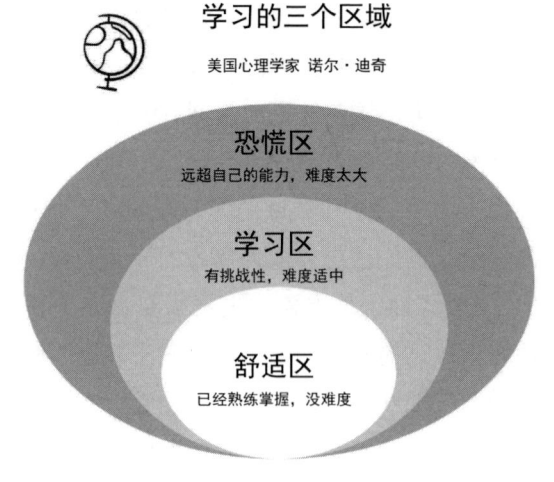

恐慌区
远超自己的能力，难度太大

学习区
有挑战性，难度适中

舒适区
已经熟练掌握，没难度

图 6-1　学习的三个区域示意图

学习中的舒适区，是指学习简单的知识或者已经掌握的知识。如果反复在这个区域进行练习，就无法取得进步。例如，一首钢琴曲已经会弹了，却还花费很多时间练习，就是低水平的勤奋。

学习中的恐慌区，是指学习远远超过了自己学习能力的知识，知识难度非常大。

学习区，也称为舒适区边缘，是指学习有挑战性的知识，难度适中。只有在学习区花大量时间练习，才能取得进步。

例如，文杰刚学英语一年，文杰妈妈就让他读有难度的英语绘本，这相当于从舒适区跳到了恐慌区，最终结果是文杰害怕并讨厌学英语。

6.2 积极输出：费曼学习法

6.2.1 终于把数学攻克了

数学对于王雅雯来说，一直是个大难题。一、二年级的时候数学题简单，雅雯也能考到90多分，所以雅雯的父母并没有在意。到了三、四年级，雅雯的数学成绩越来越差，每次考试只能考80分左右。迫不得已，雅雯妈妈打算亲自出马，每天雅雯放学后，她都抽出半个小时的时间辅导雅雯的数学功课。

但雅雯妈妈只陪她学了十多天，就彻底崩溃了。每当她看见女儿犯类似的错误就生气地责骂她。有时候一个问题讲好几遍，雅雯还是一片茫然，雅雯妈妈真是气得想"撞墙"。雅雯也很委屈，她嫌妈妈讲得不明白，还跟妈妈顶嘴。

自从雅雯妈妈开始辅导功课，家里的氛围就变了。雅雯的数学不仅没学好，母女俩的亲子关系还越发紧张。

雅雯妈妈到了工作单位，忍不住跟同事吐槽起了最近辅导孩子数学的苦恼。同事大姐对她说："专业的事得交给专业的人办，你又不是老师，不会方法。不如我给你介绍一个数学老师，我儿子跟他学得还不错。"就这样，雅雯妈妈放弃了亲自辅导，开始让孩子跟随老师学习。

跟老师学了一个学期，雅雯期末数学考了 87 分，成绩并没有太大起色。雅雯妈妈着急了，赶紧找到了老师，和他沟通孩子的学习情况。

老师对雅雯妈妈说，孩子的最大的问题是"练习少，误以为都学会了"。老师讲课的时候，雅雯听得很认真，一直在那儿点头，感觉自己听懂了，但练习的时候就出错。出错了，老师讲清楚做题方法，她听明白了，就又过去了，也没反复练习，其实她还没有完全掌握。

为了让雅雯能迅速提高成绩，老师给雅雯妈妈提了一个建议：每天放学回家都让雅雯当"小老师"，给妈妈讲题。雅雯需要把当天学校里学的数学知识和习题给妈妈讲明白。

老师还对雅雯妈妈提出了两个特别的要求。

第一，刚开始孩子讲题时，不论她讲得好不好，都要鼓励，不要打击孩子。发现孩子的优点时，还要及时夸赞孩子。

第二，如果孩子有讲得不清楚或者卡壳的时候，不要急于告诉她答案，可以适当提问，引导她的思路。

抱着试试看的想法，雅雯妈妈买了一套白板和马克笔。雅雯放学后，妈妈对她说："以后，你就别自己一个人复习数学了，你来当老师，把课堂上学的内容给妈妈讲一遍，我就当你的学生。"

雅雯不明白妈妈又要出什么新花招。质疑到："为什么？"

雅雯妈妈回答："你们老师说了，教才是最好的学。他还说，从今以后，只要你坚持给我讲题，就能成为数学学霸。"

雅雯虽然有点怀疑，但既然是老师说的，就按照妈妈的要求去做吧。而且"成为数学学霸"这个目标太有吸引力了，哪个学生不想成为学霸呀？

从那以后，每天吃完晚饭，雅雯都会抽出大概40分钟的时间给妈妈讲数学题。

老师果真是料事如神，刚开始雅雯讲题的时候确实讲得磕磕巴巴的，有时候她讲得逻辑不通，有时候甚至还会卡住，需要停下来，琢磨很久才能继续讲。雅雯妈妈每次都忍住不提醒她，还经常夸女儿是个有气场的小老师。

就这样，雅雯的数学题越讲越好，不仅很少卡壳，还讲得越来越有逻辑了。为了讲好课，她还主动提前"备课"，故意提高难度，为难妈妈，雅雯妈妈有时候还真被难住了。

雅雯逐渐喜欢上了放学后给妈妈讲题。她还主动从各种数学练习册里搜集高难度的数学题，一次次地给课程提高难度。母女俩互动得非常好，都慢慢喜欢上了这段有趣的数学亲子时光。

转眼间，又一个学期过去了，五年级上半学期期末，雅雯的数学考了满分。雅雯和妈妈都非常开心，也非常激动，果然教才是最好的学，雅雯终于攻克了数学这个大难题。

6.2.2 费曼学习法

雅雯用的这种"以教促学"的学习方法就是著名的"费曼学习法"。

费曼学习法的理论来源于著名的诺贝尔物理学奖获得者理查德·费曼。费曼认为，学习知识有两种类型：一是背诵某个事物的名称，二是注重了解某件事物本身的含义。后者才算是真正的学习。

费曼在学习和教学过程中，用了很多生活化的语言解释难懂的物理知识。他说："假如我没有办法使一个知识点被大一新生听懂，说明我自己也没有真正弄懂它。"在费曼看来，只用专业术语解释专业领域,并不算真正明白了这个领域的知识,因为每个专业术语本身也有其内在含义。只有真正的懂了其内在含义,才算真的搞懂了这个领域,也正是因此,费曼才能学有所成,获得诺贝尔物理学奖。

后来,人们把费曼的这种简化所学知识并把知识教给别人的方法称为"费曼学习法"。很多学生因为使用费曼学习法,都取得了优秀的成绩。

6.2.3 听懂了却不会做题,怎么办

很多学生都有像雅雯一样"学会了"的错觉,老师讲课的时候,往往听得很明白,自认为都学会了,等到做题的时候又不会了,这说明他们并没有完全掌握这些知识。

有时候我们做不出来题,一是因为课后没及时复习,又忘了上课所学的知识,二是因为老师上课讲的是主干知识,而做题的时候又不只需要主干知识。

我们可以把数学知识比作一棵大树。老师上课主要讲这棵大树主干上的知识,而那些延伸出来的枝枝丫丫上的知识,老师是不可能全部讲完的,练习题上考的往往却是枝枝丫丫上的知识。这就需要我们课下做好拓展练习,加深对知识的理解和运用。

为了避免听懂了却不会做题的问题,最好的方法就是使用费曼学习法。为什么教给别人,反而能学得更好?因为我们能够在讲解的过程中遇到很多枝枝丫丫上的知识,我们被迫去熟悉它们,从而能加深对知识的理解和运用。

我总结了3种具体的方法,帮助同学们在学习中灵活使用费曼学习法。

第一,主动讲课。

把学过的知识主动讲给父母或者弟弟妹妹等家人。

第二，给同学讲题。

很多同学学会了新的学习方法和解题方法后，不愿意分享给别人。但实际上，如果做到像费曼一样用简单的语言把深奥的知识讲给别人听，最大的受益者是自己，因为每讲一遍，自己都会加深对知识的理解。

第三，重编知识框架及内容。

如果没有机会给别人讲课或者讲题，可以把每单元学过的知识，重新用简单的语言编排成一个新的知识框架并写出来，也是非常好的输出方法。

总之，我们要想爱上学习或者学得更好，就要像费曼一样，把知识用最简单的语言讲出来。实操一段时间，我们会和雅雯一样大大受益。

6.3　高效阅读：SQ3R 学习法

6.3.1 "白读了"这么多书

赵安博今年上四年级，他是个聪明机灵的男孩。安博妈妈在他两岁时就开始培养他的阅读兴趣，当时她买了很多绘本，每天晚上下班后都带他进行亲子阅读。安博也因此养成了热爱阅读的习惯，有时候，妈妈一口气给他讲了二十多本绘本，讲得都口干舌燥了，他还要缠着妈妈继续给他讲。

慢慢地，随着年龄增长，到了认字敏感期，妈妈开始带安博识字。等到一年级的时候，安博已经能自主阅读了，安博妈妈更是不断地给他买课外书。安博喜欢读故事类型的，每天放学回家后的第一件事就是捧着课外书看故事。

到现在为止，算上小时候看过的绘本，安博已经看过上千本书了。亲戚朋友们经常夸安博"学富五车"。说到这里，大家可能都会觉得安博是个超级学霸吧？

但事实并非如此，安博的学习成绩在班级里并不是最好的，属于中等偏上，班里37个同学，他很少能考进前10名。三大主科一般都维持在90分左右。

安博妈妈为此非常发愁，都说"读书破万卷，下笔如有神"，怎么放在安博身上没多大效果呢？安博这些书都白读了吗？

6.3.2 读书多不如会读书

热爱阅读和大量阅读是培养学习能力的基础，但是这并不意味着孩子一定能因此取得好成绩。

孔子曾说过"学而不思则罔"，意思是人如果只学习而不思考，就会感到迷茫。阅读也是同样如此。安博读书虽然多，但成绩不理想，主要有以下三点原因。

第一，阅读量大，但没有精读，很多知识没有消化。

第二，读的书以故事类型为主，题材单一，因为太关注故事情节，往往只过脑瘾，思考得少。

第三，没有把阅读的内容和上课所学的内容结合起来。应试是有技巧、有规则的（后文我们会专门讲如何应试），而安博看过的书大多和考试无关，就算是有相关的内容，他既没有搭建学习组块，也没给知识做好分类。

需要注意的是，带孩子启蒙阅读之初，培养孩子的阅读兴趣非常重要，选书要以孩子的兴趣为主。但是到了三年级，孩子的理解能力也提高了，就要横向拓展孩子的阅读题材并引导孩子进行高效阅读。

不少同学在读书时，只是打开书本，然后从头至尾简单地看一遍，就觉得任务完成了。他们并不知道自己要学些什么，只是对着书本机械地阅读，结果收效甚微。但是有些同学能使用合理的阅读方法，不仅知道要读什么，也知道怎样高效阅读，这样的同学肯定收获更大。

6.3.3　高效的"SQ3R"阅读法

接下来，给大家介绍一种高效的阅读方法——"SQ3R"阅读法。"SQ3R"阅读法是由美国教育家弗朗西斯·罗宾逊在他的著作《有效的学习》中提出来的学习方法，因为这个学习方法由五个步骤组成，所以也被称为"五步阅读法"。"SQ3R"是这五个步骤的英文首写字母，具体如下：

S——浏览（Survey）；

Q——提问（Question）；

R——阅读（Read）；

R——背诵（Recite）；

R——复习（Review）。

自罗宾逊提出"SQ3R"阅读法之后，这种方法迅速风靡全球，被很多学生使用，效果非常好。

下面我们以读语文课本为例，具体介绍如何实施这五个步骤。

第一步，浏览。先粗读课本的目录，以求对课本的全貌有大致的了解。

例如，通过读目录先了解语文书里有几篇古诗词、文言文、现代文，还可以进一步看看，现代文里又包含哪些题材的文章，这样可以使我们对阅读材料做好心理准备。

浏览完目录之后再对具体的每篇文章进行浏览。先读文章的题目。如果有小标题、黑体字，要仔细看，然后再迅速浏览文章的全部内容。

第二步，提问。根据对课文的浏览，提出几个和文章相关的问题。这些问题将在第三步的阅读中起导向作用。关于怎样提问，给大家提供几个角度：

第一，从作者角度提问，比如作者写文章的时代背景、作者还有哪些其他著作、作者的写作风格等。

第二，从文章题材角度提问，比如这篇文章属于写景、写事、还是写人等。

第三，浏览过程中还会有很多具体的疑问。比如在读四年级下册语文书里《记金华的双龙洞》这篇课文的时候，我们可能会好奇浙江金华到底在中国的哪里，洞是怎样形成的等。

总之，一定要学会提问，还要把问题写出来，列在预习本上，这是启发思考、拓展知识的关键。

第三步，阅读。阅读就是从头到尾一字不落地精读，而且重点或者难点部分还需要反复读。在阅读过程中，可以通过思考和查阅资料回答前面提出的问题，并做好相关的笔记。

第四步，背诵。这里所说的背诵，并不是指所有的文章都需要背诵，有的需要背诵，有的则需要复述。

有些古诗词和文言文是必背的，我们就要花时间多读多背，做到一字不落地背诵。其他不要求背诵的文章，使用前文所讲的"费曼学习法"复述，把所学内容用自己的话描述出来。

很多同学都以为看过书本内容就算"完成了"，等到复述的时候才发现自己说得磕磕巴巴的，不流畅。这时候，我们才意识到，原来我们读过的内容里还有很多不熟悉的地方。如果每篇文章我们都能积极主动地复述，就能查漏补缺，还能加深对所读内容的理解。

第五步，复习。几乎每个学习法里都有"复习"这两个字，可见复习是多么重要。在阅读完课本后要时常复习笔记，这比大量学习新的知识还要重要，像之前我们在闭环学法里说的一样，一定要做到定期复习。

以上就是我们使用"SQ3R"阅读法自学课本的步骤。"SQ3R"阅读法也同样适用于课外阅读。比如安博读课外书的时候，完全可以按以上步骤做，这样就把之前的"粗读"转化成了"精读"，对学习成绩也会有很大的提升。

我们刚开始使用"SQ3R"阅读法时，会有些难度。因为大多数同学在阅读的时候都只做第三步——阅读。增加了四个步骤，改变了我们以往的阅读习惯，我们难免会觉得比较麻烦，但是通过一段时间的练习，我们会形成习惯，也会因此而受益。

学会了这五步阅读法，我们不再只是从头读到尾地"读"，而是以解决问题为目标，在书中找到问题的答案。

6.4 知识浸泡：沉浸式学习法

6.4.1 他是这样逆袭成英语学霸的

给大家讲讲李泽言是怎样从英语零基础逆袭成英语学霸的。

泽言所在的城市，公立小学的一、二年级都没开设英语课。因为一、二年级不学英语，也不考英语，所以，泽言的父母也不重视他的英语启蒙，错过了语言学习的黄金期。略懂语言学习规律的人都知道，学习一门外语的最佳年龄是在3～8岁。

泽言从三年级才开始接触英语。那时候他学英语的状态，和我小升初暑假学英语的状态差不多。他觉得学习英语很难，既排斥又害怕这门新学科。两个月下来，两次月考英语都是70多分。泽言妈妈很着急，于是联系了我。

大龄儿童英语启蒙晚，没有那么多时间可以浪费，我给泽言制订了英语学习赶超计划。核心思想是采取英语浸泡式学习法，弥补泽言之前没有接触过英语的漏洞。计划如下。

1. 浸泡式大量听英语。

每天早晨、中午、晚上，泽言利用洗漱和吃饭等碎片时间听英语儿歌、英语课本音频、简单的英文故事。

2. 浸泡式大量说英语。

因为泽言刚学英语，词汇量实在有限，又没有跟外国人使用英语交流的机会，我就让泽言妈妈把学校里学过的句子和一些简单的亲子口语对话打印出来贴在墙上。母子俩在平常说话时尽量使用英语句子和英语单词。

3. 浸泡式大量读英语。

我给泽言列出了适合他的英语启蒙书单，选了两套难度不高、故事情节比较有趣的绘本作为他的主要启蒙读物。泽言每天跟着点读笔跟读大概一小时。

在两个月后的期末考试中，泽言考了满分。他仅仅用了两个月的时间，就逆袭成了班里的英语学霸。后来，泽言的英文阅读进行得非常顺利，一年就读完了整个牛津阅读树的体系，还得了市里英语演讲比赛的冠军。现在，对他来说，英语是最简单的学科。

前段时间，泽言妈妈还跟我说，在带泽言学习英语的过程中，她天天听儿子读英语，跟他进行英语对话，自己的英语水平也跟着提高了。

因此，学外语错过了最佳启蒙期不用发愁，按照浸泡式学法，一样能逆袭成英语学霸。

6.4.2　一个月考上东京大学的博士

现在我要讲的这个故事是在我上大学的时候，我们专业的一位日语老师讲的真实故事。

故事的主人公是老师的同事，具体姓氏不详，我也没有见过这位老师，我们姑且叫他"王老师"吧。

王老师当时在我们大学里教授经济学，偶然因为工作调动，他获得了考东京大学的博士的机会。王老师有个大难题，他对日语一窍不通。而他只有一个月的时间准备考试，因此，他必须在一个月内学会日语，并且学会使用日语作答考试。

面对困难，王老师并没有放弃，他下定决心，一个月内学会日语。他先和我们日语老师学会了日语里的 50 音图，之后就买了日语词典，找来了很多经济学的日语资料，开始自学。

在这一个月内，他把自己封闭起来，除了用日语看资料，就是听日语和读日语。无聊的时候就看日剧，没事的时候就用日语自言自语。

王老师还和妻子约定好：不能和他讲中文。妻子送过来一日三餐的时候不能跟他聊天，一旦聊天，他怕自己又回到中文思维中去了。

就这样，经过一个月的日语浸泡式学习，王老师成功地考上了东京大学的博士，这成了一个传奇。

一个月自我封闭训练结束的时候，王老师坦言，这一个月的学习非常辛苦，但是沉浸式学习法让他真正突破了自我。

按照西蒙学习法的原理，6 个月就能学会一门新知识。看来，如果对自己狠一点，1个月也能学会。

6.4.3 "学渣"逆袭成数学学霸

接下来再给大家讲一个玛丽·查学数学的故事，这个故事来自《学习之道》，也是一个真实的故事。

玛丽的原生家庭非常不幸。在她3岁的时候，她的父亲就抛弃了这个家。在她9岁的时候，她的母亲又去世了。后来，她被养父母收留。

因为坎坷的身世经历，玛丽在中学的时候表现得糟糕透顶。她十分厌学，成绩倒数，才十几岁，就放弃了学业，带着60美元离家出走。

后来，她到处打工，过得并不如意。25岁的时候，她选择了参军，因为她已经贫困得揭不开锅了。

玛丽认为参军是她这一生中做过的最棒的决定。倒不是说军旅生活很轻松，在阿富汗的那段时间，是她最艰苦的日子。那时候她对工作很满意，但是和同事几乎没什么共同语言，这让玛丽觉得疏远又孤单。为了填补这种空虚，她决定在业余时间学习数学。

军旅生活意外地帮玛丽养成了很好的学习习惯。这种学习习惯并不是目不转睛地盯上几个钟头，而是在短短几分钟里，要尽可能地计算出答案。因为工作上的问题总是接踵而至，她就必须要在短时间内完成学习任务。

如果一道数学题短时间内不能完成怎么办？玛丽发现了一种"数学浸泡法"。她被喊出去处理爆炸事件的时候、在外带队等待命令的时候或者处理其他工作的时候，她会同步启用大脑，思考还没做出来的数学题。晚上回到房间，玛丽神奇地发现，之前不会的数学题竟然迎刃而解了。平常在打理头发或是洗澡的时候，玛丽还会在大脑里复习一些她已经解决的数学难题。

以下是玛丽总结出来的学习过程。

1. 针对学习材料里的某小节，把该小节所有零散题目都做一遍。至少每种类型都要练到，才能达到完全理解的目的。

2. 像前文所述那样浸泡难题。

3. 用表格列出所有重要的概念，并给各类问题配上想收为己用的例题。

4. 争取在考前列一张内容全面的表格，其中包含科目、每小节题型以及解题技巧。列出章节和主旨就能让我们受益匪浅了，列出题型和收藏解题小技巧会给我们带来更大的好处。这种从字面上进行的回想，能让我们在最短的时间内识别题型，并让我们在进入考场时信心倍增。

就这样，玛丽利用数学浸泡法，从学渣逆袭成了数学学霸。后来，她又重回学校攻读生物化学专业，为考入医学院而努力。

6.4.4 沉浸式学习法

以上三个真实故事虽然涉及不同学科的学习，但三个主人公都用了同一种学习方法——沉浸式学习法。

沉浸式学习法是指全身心地把自己的视觉、听觉、感觉等都置身于所学的知识中，把自己的生活跟所学的知识紧密联系起来。

如何使用沉浸式学习法？

1. 刺激多感官学习。

我们在学习过程中，可以充分调动身体的视觉、听觉、触觉等感官。如刚才我们讲的泽言，他在学英语的时候，利用碎片时间听英语,是在调动他的听觉,看书读英语,是在调动他的视觉。在多重刺激之下,他吸收英语知识的效果当然会更好。

2. 和生活情景联系起来。

在我们的实际生活中,所有情景都能和所学知识联系起来。例如学习地理知识,我们能知道我们身处的地区属于什么地带和人文背景;我们吃饭的时候,可以研究食物是发生了哪些物理变化和化学变化;当我们看到外面的植物,还能用生物学知识把它们的生长或者特点讲述出来。泽言学习英语的时候,和妈妈进行情景口语交流,也是在生活情景中用到了所学知识。

3. 主动回想。

主动回想所学知识容易操作,还能节省复习时间,有时候还能填补我们的无聊时光。我们无论走到哪里、在做什么,都可以主动回想我们所学过的知识。例如,玛丽在处理工作、梳头、洗澡的时候也会启动大脑回想数学题。我们在等公交车或者步行去超市的时候,也可以像玛丽一样,主动回想所学过的内容,让自己置身于知识当中。

沉浸式学习法的重点在于我们主动创造各种与知识相联系的方法,这种让知识包裹自己的积极的心理状态,会大大提高我们的学习效率。

6.5 顶级认知:学习的金字塔原理

6.5.1 别掉进低效勤奋的陷阱

有一类孩子需要我们格外关注——他们本本分分地学习,老师让做什么就做什么,又努力又愿意付出时间,但成绩总是提不上去。

几乎每个班里都有这样的孩子，他们属于班里的中等生，因为平常上课不惹事，成绩不好不坏，他们很少受到老师们的关注。

同时，也因为这个类型的孩子肯努力、付出的学习时间又多，作业完成得完美，如果考不好的话，大多数家长和老师还会把他们成绩无法提高的原因归为"天资平平，天赋不够"。

如果这样归因就大错特错了，孩子也很可能因此产生"自证预言效应"。

📄 自证预言专栏

自证预言是指人们会不自觉地按照已知的预言来行事，最终使预言真实发生；也指他人的期望会影响我们的行为，使得我们按照对方的期望行事。例如，当家长或者老师认为孩子没有学习的天分，孩子就会向预言的方向发展，认为无论如何努力也不会改变成绩，从而给自己的学习能力设限，进而主动逃避有难度的学习任务。

6.5.2　学习的金字塔原理

孩子付出了很多的努力和时间，却收效甚微，往往是因为陷入了"低效勤奋的陷阱"。接下来我给大家介绍一个学习的金字塔原理。了解清楚这个原理，同学们就能很直观地对比出到底是自己没有学习的天赋，还是自己的学习方法有问题。

学习的金字塔原理最早是由美国教育专家爱德加·戴尔于1946年首先发现并提出的。后来，美国缅因州的国家训练实验室通过研究得出了如图6-2所示的数据。

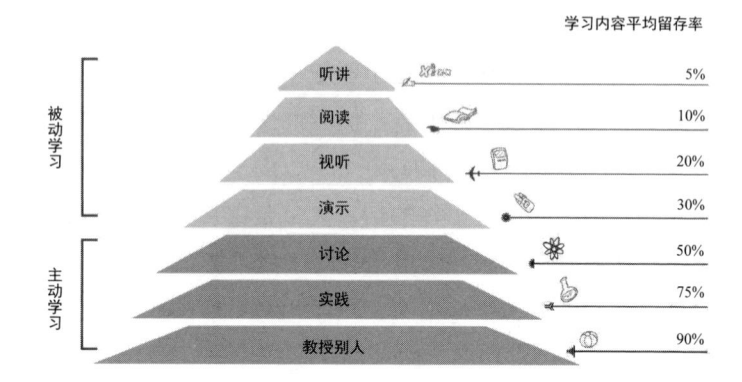

		学习内容平均留存率
被动学习	听讲	5%
	阅读	10%
	视听	20%
	演示	30%
主动学习	讨论	50%
	实践	75%
	教授别人	90%

学习金字塔 数据来源：国家训练实验室 美国缅因州

图 6-2　学习金字塔

这组数据直观地显示了采用不同的学习方式的学习者，两周以后的学习内容平均留存率存在不同。被动学习不如主动学习效率高。

第一种——听讲。老师讲课、我们听课的学习方式是我们最常用的学习方式，但它的学习效果是最差的。两周后，听课内容在我们的大脑里只留下 5%。

第二种——阅读。几乎所有的同学都知道阅读的重要性，但是阅读并不是万能的。通过阅读方式学到的内容，两周后，知识留存率只有 10%。

第三种——视听。用声音、图片等视听方式学到的内容，两周后的知识留存率大约是 20%。

第四种——演示。采用演示和示范的学习方式，两周后的知识留存率大约是 30%。

第五种——讨论。采用和同学讨论的学习方式，两周后的知识留存率大约是 50%。

第六种——实践。通过使用所学知识的方式学习，两周后的知识留存率大约能达到75%。

第七种——教授别人。用自己的语言将学习内容教给其他人，也就是前面我们所讲的"费曼学习法"。采用这种学习方式，两周后的知识留存率大约可以达到90%，是最有效的学习方式。

这组数据研究对于指导我们如何正确学习有很大的帮助。听讲、阅读、视听、演示四种传统的被动式学习的效果远远低于讨论、实践、教授他人这三种主动式学习。而主动式学习之所以有显著效果，是因为它能让我们自发地研究相关知识点，并把这些知识内化成我们思维的一部分。

6.5.3 精准输入和积极输出

需要注意的是，金字塔里的七种学习方法不是孤立的，我们可以将这七种方法结合使用。为了便于大家理解，我把金字塔上所有的学习方法简单地归为输入知识和输出知识。同学们也可以理解为，学习就是精准输入和积极输出。只要做到了精准输入和积极输出，就没有学不好的知识。

第一，精准输入。听讲、阅读、视听、演示，这四种学习方式都属于"知识的输入"。

我们把学习比作一台榨汁机。放进去的是什么水果，就会榨出来什么样的果汁。如果我要喝橙汁，却把苹果放进榨汁机里，那肯定榨不出来橙汁，因为输入错了。所以"输入环节"非常重要。如果我们是为了应考、取得好成绩，就一定要找到核心知识的点，有目的地进行精准输入。前文所讲的5R笔记法、思维导图法、"SQ3R"阅读法都属于高效的知识输入法。

第二，积极输出。讨论、实践、教授别人，这三种学习方式都属于"知识的输出"。

学了新知识后，课下多和同学进行小组讨论。例如，学完一个数学知识点后，和同学讨论看看还有没有其他解法。我们会发现，在讨论过程中会产生新的思路和想法。

多实践，例如，学过的英语句型在平时可以多和同学、家人使用，用一次就加深一次印象。

把所学知识教授给别人的方法在费曼学习法中我们已经讲得很清楚了，大家参考前文。

接下来，我们以学习五年级下册语文课文《慈母情深》为例，看看如何做到精准输入和积极输出。

首先是用阅读、听讲、视听、演示四种方法进行精准输入。注意，这四种输入方法没有先后顺序，也可以同时交叉使用。

先用之前我们所讲的"SQ3R"阅读法进行预习，在预习这篇课文过程中提问自己几个问题，例如：

这篇文章的作者梁晓声出生于什么年代？

作者梁晓声还写过什么文章？

这篇文章的哪个细节能体现慈母情深？

这篇文章里哪些词语和生词还不理解或者不会写？

带着这些问题我们可以提前查阅资料。等老师正式讲课的时候，我们做好5R笔记，看看有哪些地方是我们在预习的时候遗漏的。

听完课，我们还可以画一张关于这篇课文的思维导图，画思维导图时用到视听和演示的输入方法，可以把人物、事件、地点、细节、生词都画出来，以达到梳理课文和加深理解的目的。

完成以上精准输入的步骤，我们就可以积极输出了。

尝试和同学讨论这篇课文，可以先聊聊自己母亲的故事，有没

第 6 章　技巧：四两拨千斤的学习方法

有类似的"慈母情深"的例子或者其他有趣的故事。只要我们用心思考，总能找到一些打动人心的故事。

和同学讨论完，我们可以实践了，拿起笔来写一篇写人物的作文。

大家通过学习这篇《慈母情深》，肯定已经发现了一个写作的窍门。在写人的时候，重点描写发生在这个人身上的一件事，这件事可能很小，但是会触动心灵。这样的故事会比堆好词好句的故事更打动人心。

写完文章，我们就可以试着用自己的语言把所学的知识教授给别人。我们可以把《慈母情深》这篇文章讲给家人或者同学听，不仅要把课文复述出来，还要把文章的写作特点讲出来，教会别人写一篇打动人心的写人作文。

在教授他人的过程中，我们可能会讲不出来有些自认为已经理解了的知识点，但没有关系，这正是查漏补缺的好时机。

同学们，如果你付出了很多时间和精力，还是没学好，不妨先对照一下金字塔原理，看看是不是因为学习方法不当导致了知识留存率过低。只有做好精准输入和积极输出，才能在学习上达到事半功倍的效果。

第7章

改变：重塑学习脑

7.1 神经元说：学霸不是天生的

7.1.1 浑小子成了获得诺贝尔奖的科学家

同学们，现在我要给你们讲一个我在《学会如何学习》里读到的关于诺贝尔奖获得者圣地亚哥的故事。

圣地亚哥小时候是个极其顽劣的男孩，他不仅淘气，还很叛逆。他本来就十分讨厌上学，又因为他的记忆力很差，讲话结结巴巴，所以他更讨厌学习了。圣地亚哥尤其讨厌数学，他认为数学毫无意义。

通常情况下，我们所见到的淘气的男孩，都是背着家长和老师偷偷地干点调皮捣蛋的事。圣地亚哥可不是，他每天都和父亲争执，和老师吵架，甚至还做了很多破坏性的事，比如 11 岁的时候，他竟然用自制的大炮在邻居家的大门上轰了一个大洞！父母管不了他，老师也管不了他，他一次又一次地被学校开除。

圣地亚哥就这样过着学无所成、让家人倍感烦恼的童年生活。但是后来他竟然获得了诺贝尔奖，而且还成了"现代神经科学之父"。

当然了，这种高难度的"逆袭"并不容易，首先要归功于圣地亚哥的父亲，是他转变了教育理念。圣地亚哥的父亲意识到要引导儿子喜欢上学习，一定要用特别的方法。为了激发圣地亚哥对医学的兴趣，父亲带他研究人体，这对父子甚至还在夜里偷偷地潜入墓地寻找尸体。

从此以后，圣地亚哥开始绘制人体的各个部位。能够看到、触摸、并画出他所了解的人体，极大地激发了他的学习兴趣。圣地亚哥终于下定决心成为一名医生，他开始重新学习自己小时候荒废掉的数学和科学。尽管他记忆力很差，但是这次他学得很认真。后来，圣地亚哥通过努力学习，真的成了一名医生。

讲到这里，故事还没结束。因为圣地亚哥对身体组织和细胞都很感兴趣，所以他又决定成为一名病理学教授。要想成为病理学教授，他必须通过一项重要的考试。这对于"脑力不太够"的圣地亚哥来说不是一件容易的事。圣地亚哥努力学习了一年，没有通过这项考试。第二年，他又努力地学习了一年，结果还是没通过。最后，他终于在第三次尝试中过关。

圣地亚哥知道自己不是一个天才，也知道自己记忆力不好，还说话结巴。难得的是，他并没有放弃，而且他开始研究人脑和神经元。就这样，他从一个爱捣乱的浑小子变成了一位著名的科学家。

通过对神经元的科学研究，圣地亚哥证明：任何人都可以重新训练和塑造自己的大脑。他自己本身就是一个重塑大脑的例子。

7.1.2 神经元的秘密

圣地亚哥通过显微镜观察到了神经元，并把它们画成了美丽的图画。他画的神经元图集是现代神经元研究的起点，他也被誉为"现代神经科学之父"。

接下来，我们就要讲讲有趣的神经元了，了解它后我们就会知道：学霸不是天生的。学霸之所以能成为学霸，是因为他们懂得如何改变大脑的结构。

我们的大脑里有数十亿个神经元，大概相当于银河系中恒星的数量。神经元是大脑的基础构件,它们很小很小,小到什么程度呢?10个神经元加在一起,宽度也只相当于我们人类一根头发的直径。但是它们也可能很长,有的神经元甚至比我们的手臂还要长。

大脑里这些神经元本来是独立的,但是,它们彼此之间会发送信号。两个神经元在发送信号的时候还会发生"电击"。我们在动脑思考的时候,神经元之间就会发送信号。可以理解为这些信号的传递就发生在我们思想流动的时候。

如果两个神经元"电击"的次数多了,它们就会成为"朋友","感情"也会越来越好,甚至还会连接在一起。我们不断学习新事物的时候,就是神经元们连接在一起的时候。因此,我们学习的过程,就是改造大脑的过程。

想象一下,当我们第一次学某个新知识点的时候,大脑里的神经元之间的连接是很薄弱的,可能只有几个神经元之间会产生电击。如果我们不再继续思考或者复习,这些神经元之间就不再释放信号,甚至变成"陌生人",离彼此越来越远,我们学的知识也会因此逐渐被遗忘。

但是,如果我们继续加强学习、实践知识,就会有越来越多的神经元连接起来,逐渐成为一条神经元"项链"。这条连接起来的神经元"项链"会存储更多复杂的知识和信息,然后,我们的大脑就会变得越来越强大。

还有一个好消息要告诉大家——我们的大脑一直在长出新的神经元。也就是说,我们完全不用担心学习更多的知识会消耗完所有的神经元。我们有数十亿个神经元,可以建立数不清的神经元"项链"。这一现象,在科学研究中被称为"神经可塑性"。

讲到这里,大家应该已经明白:神经元可以改变,我们的大脑的结构也完全可以通过后天的学习、锻炼而被重新塑造。所以,学霸不是天生的,是后天我们通过自己的努力,学出来的。

亲爱的同学们,如果目前你还不是个学霸,别着急。如果你不是很擅长学习,也别着急。我们完全可以像圣地亚哥一样通过缓慢而稳定的练习,建立起新的神经元连接,从而改变我们大脑的结构,逆袭成一个学霸。

7.2 行动兴奋:怎样提起学习的干劲

7.2.1 我实在是不想学习

王文宇今年刚上初一,随着学科的增多,文宇的作业量增加了,学习压力也增大了,他有点不适应初中的学习生活。小学的时候,文宇的成绩属于中上等,按理说,努力一下,逆袭成学霸不难。但是自从上了初中,他一点学习的热情都没有了。

文宇内心非常纠结,他虽然知道学习的重要性,但总是提不起干劲。别说奋发图强地自学了,他连完成作业的干劲都没有。周日晚上眼看着还没做的数学试卷、语文试卷,还没背的英语单词,文宇只能应付了事。

每个人都知道,"干劲"在学习过程中有多重要。不论我们有多高的智商,有多好的学习方法,但如果没有"干劲"都白搭。

父母和老师经常这样训斥孩子:"只要你们想学,就没有学不好的!"

但是问题是"不想学"啊!

7.2.2　刺激"伏隔核"

像文字这样在学习上没有干劲的学生还真不少，怎样才能提高干劲呢？这就需要了解一下我们大脑里的"伏隔核"了。我们的干劲，也就是学习的热情，主要来自大脑里的"伏隔核"。

伏隔核的位置接近大脑的中心，它是大脑的快乐中枢。如果能有效地刺激伏隔核，就能点燃我们的工作热情。伏隔核的体积非常小，直径还不到1厘米，但它的性质却非常复杂。如果想让它活跃起来，我们就一定要给它足够的"刺激"，否则它是不会轻易发挥作用的。

日本东京大学的脑科学研究专家池谷裕二在《考试脑科学》中写道："我们不可能什么都不做就让自己提起干劲来，因为伏隔核没有受到相应的刺激，人也就失去了干劲。"

那如何才能刺激伏隔核呢？池谷裕二也给出了答案：每当感觉自己没有干劲的时候，我们首先要做的就是坐在书桌前开始学习。

有的同学可能会疑惑了，怎么感觉这句话有点难以捉摸？我们明明是"不想学"，为什么还要让我们坐在书桌前开始学习？

因为我们要刺激伏隔核就不能坐以待毙，更不能被"无聊"和"懒惰"捆住。这时候，我们先别管此刻有没有学习的热情、有没有干劲，先坐在桌子前学起来，只需要学十分钟，就能刺激到伏隔核。慢慢地，我们就有了干劲，然后再集中精力学习就不难了。学习这件事，只要能开始，就相当于完成了一半。

大家有过收拾房间或者整理书架的经历吗？虽然刚开始我们很不情愿做这件事，但是只要着手收拾，趁着这股劲头，最后肯定能把房间或书架收拾得非常整齐。

这种现象被德国精神病学家埃米尔·克雷佩林称为"行动兴奋"。一旦开始行动，状态就会渐入佳境，注意力也就能集中了，这就是行动兴奋。

刺激伏隔核运转起来需要时间，所以不管此刻我们多么没有学习的干劲，先坐到书桌前连续学习十分钟。十分钟后，也许别人让我们停下来，我们都不想停下来了！

7.3 发散思维：了解大脑的工作方式

7.3.1 我怎么突然开窍了

阳光明媚的周六早晨，李雨馨正在书桌前专心地做数学卷子。

做着做着，雨馨被一道题难住了，她用了好几种方法都解不出来。雨馨不是那种会逃避难题的学生，越是遇到难题，她就越迎难而上。她心里有种猫挠的感觉，斗志被激发出来了，她下决心，今天非要做出来这道题不可！

经过10分钟的苦思冥想，雨馨似乎有了点思路，她感觉自己好像来到了一个新天地，但这片天地的一切都是陌生的。认真地解了几步后又被卡住了，雨馨又有点蒙了。

雨馨心想，既然已经解答到这一步了，肯定有方法可以解。如果实在解不开，就再换个方法。就这样，30多分钟过去了，雨馨前前后后试了5种方法，但是都没能成功把这道难题解出来。

此时此刻，雨馨感觉自己的大脑被关在了小黑屋子里，没有任何思路和办法，刚开始的斗志全没了，她又烦躁又有点愤怒，气得想哭又哭不出来。她放下笔，看了看窗外的好天气，决定先下楼去跑一圈，释放一下刚才解题带来的压力。

楼下春光灿烂、鸟语花香。雨馨在外面慢跑了30多分钟，她感觉大脑又充满了能量，然后就回家了。

回到房间，雨馨又重新琢磨之前难住她的那道数学难题。这次再重新做，比早上那会解题顺利多了，她忽然就想通了关键步骤。她一步步地推导，笔尖在纸上不停写。她感觉自己的大脑像是一只冲破牢笼的小鹿，在自由自在地奔跑。很快，这道难题就被雨馨解出来了，她又兴奋又满足。

我们或多或少都有过像雨馨这样的学习经历吧。有时候我们全神贯注地思考一道数学题或者想写一篇作文，可是中间卡住了，怎么也想不出解法和好的思路。当我们拼尽所有的脑力都没有结果的时候，只好决定放弃，先出去溜达一圈或者干点别的事情。等我们做完别的事情，再重新把注意力回到之前解不开的难题上，我们突然发现自己又有了新的思路。

这样的突然开窍是怎么回事呢？这就需要我们了解大脑的工作模式了。

7.3.2 大脑工作的两种工作模式

脑科学家研究发现，我们的大脑有两种工作模式：一种是专注模式，一种是发散模式。

大脑的专注模式是指我们集中注意力思考一个问题的工作模式。对于专注模式，我们并不陌生，这是我们最想达到的注意力高度集中的学习状态。本书第五章已经详细讲解了各种提高专注力的方法。

大脑的发散模式是指大脑处于放松和自由的状态中，这时候我们没有固定地思考某个特定的问题，我们的思绪像云朵一样四处飘散。可以理解成是在漫无目的地想象，或者可以说是在做"白日梦"。例如上课的时候，我们本该专心听老师讲课，却在想放学后要去哪里玩或者晚餐吃什么。这说明我们的大脑已经进入发散模式了。当我们的大脑处于发散模式时，会温和地使用大脑的一些区域，这些区域跟你在专心思维时使用的大脑区域不一样。

虽然我们想了很多方法帮我们的大脑进入专注模式，但是这并不意味着发散模式就是没有益处的。

发散模式能够帮助我们在各种想法之间建立充满想象力的联系。如果我们想从细节思考转向全局通盘思考，就要把专注模式切换成发散模式。那些好的创意，经常都是在发散模式中冒出来的。

我们再来看看雨馨解决数学难题的过程。她开始解题的前30分钟大脑处于专注模式。后来她停下来出去运动了一圈，大脑又处于放松的发散模式了。这时候雨馨的大脑处于放松的状态，她的大脑里会有各种思绪，尽管她很可能意识不到，但是她的大脑正在后台安静地处理之前没有解决的那个数学难题。等她再回到解题的专注模式时，难题就迎刃而解了。这就是发散思维帮助我们解决难题的过程。

当然了，不是所有学习困境都适合用发散思维解决。它更适合在我们做出足够的努力还是解决不了难题的时候使用。例如，我们目前不会做这个数学题是因为基础原理还没理解清楚，即便是用发散思维，再次回到这个问题上，我们仍然是不会的，这时候解决问题的方法是回到课本，重新学习基础原理。

如果我们已经理解了一个数学问题的原理，但是解题的时候无论怎样努力也解答不出来，这时候就一定要切换到大脑的发散模式来救急。

《学习之道》的作者芭芭拉曾经说过："在你学习的时候，不要只在专注模式和发散模式之间切换一次就得出结论，认为它对你不起作用,有时候你必须在专注模式和发散模式之间切换好几次,才能找到答案。"

事实证明,我们的大脑必须在专注模式和发散模式之间来回切换才能有效地学习。进入发散模式很简单,只需要停下来休息一下。我们可以通过运动、睡眠、听音乐、绘画、冥想和朋友聊天等把大脑切换到发散模式。

7.4 赢在体育:运动改变大脑

7.4.1 大脑闲散,往往是身体的懒惰

林悦自幼和爷爷奶奶一起长大。因为爷爷奶奶喜欢看电视,林悦也迷恋上了看电视。每天晚上做完作业,她都第一时间打开电视机,一看就是两个多小时。周末的时候,她能看一天的电视。不仅如此,林悦还不爱运动,喜欢吃零食。就这样,她变成了一个胖嘟嘟的小姑娘。

因为肥胖,林悦平常最讨厌的就是体育课。她各项体能测试几乎都不达标。别的同学跳绳,一分钟至少能跳 120 个,她只能跳 60 多个。爬三层楼都气喘吁吁,跑步就更不用说了,永远都是倒数第一。林悦也因此越来越自卑,总感觉自己比别的同学差,她没有学习的动力,各学科成绩也都在班里垫底。

看着自己的女儿整日昏昏沉沉地沉迷于电视,逃避学习,林悦的父母非常担心。林悦妈妈决定带她早起运动。随着年龄越来越大,林悦也很在意体重和学习成绩,她知道长期这样不是办法,就听从了妈妈的建议。她和妈妈一起制订了一个简单的"早晚动起来的计划",计划如下:

周一～周五早上：每天 6 点 20 起床。起床洗漱后和妈妈一起跑步，7 点回到家。（以前都是 7 点才起床）

周一～周五晚上：每天写完作业，和爷爷奶奶一起去公园散步。（不再看电视）

周六周日：上午打羽毛球或者户外活动。

制订计划容易，但是执行起来很难。刚开始运动的第一个月，林悦真的感觉很痛苦。首先是改变作息，林悦遇到了"早起困难"，还好有妈妈的鼓励和陪伴，她每天基本上能做到 6 点半前起床。第二个困难是"跑步困难"。对于胖嘟嘟的林悦来说，刚开始根本跑不了几步，运动半个小时几乎都是在走，但是母女二人还是咬着牙坚持了下来。

到了第二个月，林悦跑步状态好多了，不再只是走，也能跑起来了。运动逐渐成为林悦生活里必不可少的一部分，成了一种习惯。慢慢地，她竟然爱上了跑步。

现在的林悦已经坚持跑步一年了。她减重 16 斤，也不再迷恋看电视了。最重要的是，林悦不再像以前那样自卑，她变得越来越有自信，不仅体育成绩变好了，其他学科成绩也越来越好了。

林悦说，现在没有什么事比跑步更让她心情舒畅了。她不敢相信以前那么讨厌跑步的自己，现在竟然爱上了跑步！

7.4.2 四肢发达，头脑并不简单

众所周知，运动能让我们强健肌肉，增强心肺功能。但这只是运动最基本的作用，很多同学还不知道运动给大脑带来的好处。也正是因为很多同学不了解其中原委，导致他们经常逃避运动。接下来，我们来看看运动是如何对我们的身体和大脑发挥作用的。

1. 运动让大脑进入发散思维。

大脑的发散工作模式能让我们分散注意力、减轻压力。就像上一节中的雨馨同学,她在遇到难题的时候,出去跑一圈就有灵感了。运动帮助雨馨摆脱了难题困境,缓解了压力。

2. 运动让我们心情愉快。

科学研究证明,运动能让大脑分泌两种稀有物质——多巴胺和内啡肽。这两种物质都能让人产生愉悦的感觉。就像前文林悦所说的,她感觉没有什么事能比跑步更令她心情舒畅了。

3. 运动为大脑提供营养。

运动能产生一种叫 BDNF 的化学物质,我们把它称作"脑源性神经营养因子"。可以说,脑源性神经营养因子是大脑最需要的"营养食物"。还记得前文讲的神经元"项链"吗?脑源性神经因子能够促进新神经元的生长,而且还能让神经元变得更加强大,从而使神经元建立更多、更强大的神经元"项链"。换句话说,只要我们运动,我们的脑力就会变得更好,我们会更聪明。

4. 运动还能增加我们体内的血清素,血清素能帮大脑抑制恐惧、保持镇定,能减轻我们学习和生活中的焦虑。

讲到这里,大家已经了解:运动不仅能强身健体,还能改善我们的大脑。在这种身心健康的状态下,我们会做好准备,迎接生活、学习、考试带来的挑战。

7.4.3　运动的 1357 法则

最后教大家一个 1357 法则,它能帮助我们科学合理地运动。

1. 在饭后 1 小时开始运动。

刚吃完饭,食物还在胃内,没有经过胃液的初步消化,这时候运动容易导致腹痛,还有可能诱发其他部位的缺血缺氧,所以在饭后一小时开始运动更科学。

2. 每次运动 30 分钟左右。

每次运动时间太短，就可能达不预期的效果。但是过度运动也会伤害身体。因此，每次 30 分钟左右的有氧运动，才能起到更好的运动效果。

3. 每周运动 5 天左右。

要做到每天坚持运动，确实很难。所以一周可以休息两天，让身体得到适当的缓冲。

4. 每次运动的最高心率不应该超过 170 减去年龄的数值。

例如，如果我们现在 10 岁，那就保持脉搏每分钟不超过 160 次。

7.4.4 坚持运动才能及时补充脑力

很多同学虽然知道运动的重要性，但总是刚开始的两三天有热情，很快就找个借口放弃了。我给大家提几个建议，帮助大家坚持运动。

1. 制订运动计划。

还记得前面讲的 ABC 时间管理法吗？一定要把运动放在我们的 A 类任务栏里。保证自己每周运动 5 次。可以将制订的计划放在醒目的地方，每天提醒自己。运动会让人上瘾，坚持一段时间，等我们爱上运动后，再坚持下去就不难了。

2. 和家人或者朋友结伴锻炼。

和家人、朋友一起运动能顺便聊天，增进感情，还能互相监督和鼓励。

3. 选择自己喜欢的运动项目。

选择一项自己喜欢并且擅长的体育运动，能从中得到正反馈，使自己对这项运动更加感兴趣，这样也更容易长久地坚持下去。

同学们，不要等了，如果今天的你还没运动，就马上行动起来。你不仅会因此更健康，还会更聪明、更幸福！

7.5　别太勤奋：睡眠也是一种学习方式

7.5.1　我就是不想睡觉

张宇凡今年上高一，高中功课紧张，他几乎每天都熬夜学习，熬到半夜 12 点是常有的事，他是个不折不扣的"夜猫子"。

宇凡特别喜欢晚上这段学习时间，晚上家人都睡了，非常安静，心态也更加轻松、自由。用他的话说，每天晚上都不想睡觉。

但是，熬夜容易，早起难啊。每天早上 7 点多，宇凡都是挣扎到最后一刻才起床。有时候因为赶时间，他匆匆忙忙吃口早饭就去上学了。这导致宇凡白天上课状态一直不太好，不仅犯困，还注意力不集中，经常走神。

放学后，宇凡又恢复精神状态了，晚上打算把白天没学明白的知识再复习一遍，又熬到半夜才睡，第二天白天犯困又影响学习效率。这真是一个无休止的恶性循环。

像宇凡这样熬夜学习的同学很多，我们先不讨论晚上学习效率是高还是低，就算宇凡最好的学习状态在晚上，第二天依然要按学校规定的时间去上课，这样就无法保证第二天上课的学习状态了。所以我们不能只计算某个时间段的学习效率，一定要合理分配好学习时间，保证充足的睡眠。

7.5.2　信息筛选员"海马体"

我们的大脑里有一个保存长期记忆的功能区，叫做"大脑皮质"，它可以长期保存我们所学的知识。但是我们平常生活里通过所见所闻得到的信息、课上课下学到的知识太多了，不可能每一项信息都被存储到大脑皮质当中。因此，我们的大脑就会对信息进行分类筛选，再进行存储。

那么，谁来帮我们筛选信息呢？这个筛选员就是一个叫做"海马体"的器官。海马体位于耳朵深处的大脑里，它的直径只有一厘米，长度小于5厘米。因为它的形状弯曲，很像一只小海马，所以名为"海马体"。只有被信息筛选员海马体判定为有必要存储的信息，才能被存储到大脑皮质中，形成长期记忆。

海马体的筛选非常严格，而且周期很长，最短也需要一个月，所以在学习的时候需要重复记忆。

7.5.3 毫不费力的睡眠复习法

前文我们在讲学习法的时候，多次强调了"复习知识"这个环节的重要性，大家肯定也学会了很多复习方法。现在我们再来学习一种非常轻松的复习方法，它就是毫不费力的"睡眠复习法"。

很多同学可能会觉得不可思议，睡觉竟然也能成为一种学习方式？是的，在我们睡觉的时候，大脑竟然在偷偷地进行复习。

脑科学研究者池谷裕二说："所谓的梦，其实就是由人脑中各种各样的信息和记忆的片段相互组合而成的"。很多脑科学研究者认为，人之所以做梦，就是为了不断地探索信息碎片的组合意义。我们梦里的所有场景都来源于大脑中的记忆，在我们睡着时，大脑会以各种形式整合、复习我们白天学到的知识。

海马体就是在我们睡觉的时候悄悄工作的，它会对信息进行筛选。因此，如果我们不想睡觉，就相当于不给海马体提供整理和选择信息的机会，不给大脑提供复习的机会，这样我们学过的知识很快就会被遗忘。

另外，脑科学家的研究表明，睡觉的时候神经元会发生改变。我们已经讲过，神经元之间可以传送信号、进行连接。而这种连接会在睡眠当中快速进行。这意味着，我们之前说的"神经元项链"会因为睡眠变得更加坚韧。换句话说，我们学过的知识会通过睡一觉，掌握得更加牢固，记忆得更深刻。

如果我们学习了新知识，当天就一定要保证充足的睡眠。如果我们一夜不睡或者睡眠不足，那么刚刚学到的知识可能就会从大脑中消失。有些同学因为平常学习不用功，喜欢考试前临阵磨枪，所以在冲刺的时候会熬夜学习。这样做，短时间内可能对提高考试成绩有帮助，但并不利于长期学习。

一定要充分认识到睡眠对于学习来说有多么重要。像宇凡那样剑走偏锋，每天都熬夜学习是无法高效学习的。千万不要通过减少睡眠时间来换取好成绩，这种方法本身就是不科学的。

睡眠不仅仅能达到休息的目的，它还是一种学习方式。想让知识记得牢固就必须重视睡眠，制订学习计划的前提是保证充足的睡眠。

7.6 脑洞大开：学习方式多种多样

7.6.1 一个没有教练的冠军

2015年，在北京田径世锦赛上出现了一名特别的标枪冠军，他的名字叫尤里乌斯·耶格。为什么说尤里乌斯很特别？因为他是一个没有教练的冠军，他是自学成才。

尤里乌斯出生在非洲肯尼亚的一个贫穷地区。他在网上看到标枪这种运动，十分着迷。刚开始学习标枪的时候，尤里乌斯都是用树枝制作标枪，因为他们的国家根本就没有像样的标枪，更没有标枪教练。尤里乌斯在没有合适的运动鞋、没有像样的标枪，也没有教练的情况下，竟然靠自学成为了世界冠军。

你们可能会好奇，这样一个没有教练、得不到任何支持的人，是怎样自学的？

原来尤里乌斯是坐在网吧里，通过连续几个小时观看很多投掷标枪的视频自学的。尤里乌斯研究那些优秀的标枪运动员们的动作，然后就在非洲的群山中进行大量的练习。

早在2011年，尤里乌斯的正式职业还是一名警察，当时的他只能通过在视频网站观看比赛视频琢磨自己的技术。尽管在那一年，他已经是全非标枪运动会冠军、连续四届的全国冠军以及全国纪录保持者了。

尤里乌斯的出色表现引起了国际田联的关注，国际田联决定为他提供一个赴欧洲跟随高水平教练学习半年的机会。欧洲游学归国之后，尤里乌斯依旧是独自训练，他也会偶尔通过网络请教在欧洲游学时候认识的教练。就这样，尤里乌斯几乎仅凭一己之力，在2015年的世锦赛上获得了标枪冠军。

讲这个故事是想告诉大家，如今网络这么发达，我们不一定只通过课堂和老师进行学习。尤其是初高中的学生，还可以通过上网自学。我们没有理由学不好，因为我们生活在一个资源很多的时代。

当然，只通过观看视频学习是不行的，最重要的还是要像尤里乌斯一样琢磨和刻意练习。如果尤里乌斯只看视频，不大量练习的话，他的投标技术肯定不会进步得这么快。

7.6.2 获取资源：我有机会学得更好

学习方式多种多样，我给大家总结好了可以获取资源的学习方式。

1. 现场学习。

现场学习指走到哪里学到哪里，不论去哪里都带着一颗好奇心。比如我们去参观了一个历史博物馆，就可以结合展品的历史背景做研究；在公园里，我们可以通过观察一些植物或昆虫做研究；在放学路上，我们可以从遇到的各种事件中汲取经验，回家后还可以把所见所学整理在日记本上。

2. 从他人那里获取学习资源。

同学、朋友、家人等都可以是我们的榜样和学习对象。比如我们听到朋友说了一个从来没听过的名词或者信息，就可以以此为线索进行学习和研究。又比如去亲戚家里做客，我们看到一个桌游，就可以和亲戚请教怎样玩桌游。

3. 从报纸上获取学习资源。

现在国内外有很多青少年可以订阅的、各类型的报纸。报纸上所刊登的信息，几乎都是作者基于第一手信息撰写出来的内容，既有真实性，又有时效性。我们可以订阅一份自己喜欢的报纸，通过定期看报纸来获取学习资源。

4. 从杂志上获取学习资源。

和报纸相比，杂志的内容专业性更高。有些杂志上不仅有海量信息，一些信息甚至是稀有的。很多内容还被做成了图片的形式，可读性非常强，有利于我们学习。

5. 从网络上获取学习资源。

从网络上获取资源的最大优点就是快。我们在没有网络的时代去图书馆才能查阅到的内容,现在只需要动动手指,瞬间就能被搜索出来。

但是从网上学习也会有一些问题,例如网上夹杂着很多错误信息和虚假信息。这就需要请老师和家长帮忙鉴别专门的学习网站。另外,由于网络推送信息过多,查阅资料的时候,我们的注意力很容易被分散,所以通过网络学习一定要做到自律。

6. 听课、看书

听课和看书学习是最传统的学习方式,也是大家最常用的两种学习方式,前文我们已经讲了很多听课和看书的方法了。

第8章 记忆：能学好，往往是因为记得牢

8.1 何为记忆：记忆 3R 和不忘 3F

8.1.1 看到"背诵全文"就头疼

王子儒今年上初二，理科学得都很好，文科学得一般，理由是他讨厌"背诵"。用他的话说就是自己"记性不好""不擅长记忆"。

子儒只要看到语文课本上的"背诵全文"四个字就头疼。一般同学背诵一篇小古文可能只需要 1 个小时，子儒却需要背很久，甚至背一段古诗词，他都要花好几天才能背下来。如果语文老师或者道法老师让大家放学前背诵完某段材料才能回家，子儒肯定是最后一个走的，而且还背得磕磕巴巴。

因此，子儒的语文、道法等文科科目一直成绩平平。在他看来，做数学试卷是一种享受，看见语文试卷就心烦。

子儒真的是天生记忆力不好吗？如果是记忆力不好，为什么他能记住数学公式呢？带着这个疑惑，我们先来了解一下到底什么是"记忆"。

8.1.2 记忆 3R 和不忘 3F

研究记忆的科研者普遍认为记忆是由三个阶段组成的。美国心理学教授肯尼思·希比格，把这三个记忆阶段称为"记忆 3R"或者叫做"记忆三部曲"。

第一个阶段：Recording——读取信息，这是学习任何内容的第一个阶段。

第二个阶段：Retaining——存储信息，把学习的内容存储到大脑中。

第三个阶段：Retrieval——检索信息，查找需要的内容，并且能在需要的时候随时提取它们。

只要以上三个阶段都做到了，我们就算是记住了所学的知识。相反，如果没有记住，那就说明某个阶段出了问题。现在我们开动脑筋想一想，平常我们记不住的时候是哪里出了问题呢？

前文我们说子儒记不住古文，却能记住数学公式，说明他的记忆力没有问题。背不下来古文是在记忆第一阶段（读取信息）出了问题。因为他理解了公式，所以能记住，并且能在做题的时候，很快调取出已经记住的公式。而在读古文的时候，他没有去刻意理解信息（没理解古文的意思），没有读取文章的结构和逻辑，那就很难背下来。

也有些同学背不下来是在存储信息时出了问题。虽然在学习过程中理解了要背的内容，但是没有通过刻意练习去强化记忆。知识没有被存储到大脑里，所以自然就记不住了。

记忆出问题大部分都是出在了检索阶段，从记忆中寻找到信息是非常困难的。这就好比我们走在路上，看到一张熟悉的面孔，他是我们的小学同学，但是我们怎么想也想不起来他的名字。

和记忆 3R 相对应的三个阶段被称为"不忘 3F"。

第一个阶段：Fixating（固定）——学习新知识的时候一定要理解知识。

第二个阶段：Filing（归档）——把理解的知识分类处理，归档到大脑中。

第三个阶段：Finding（找回）——能从大脑里找回记住的内容。

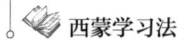

要想提高记忆力,我们必须不断地提高我们固定、归档、找回信息的能力。

8.1.3 短期记忆和长期记忆

记忆分为短期记忆和长期记忆。

短期记忆是指一段时间内能感知到的多项信息。你知道短期记忆有快速的遗忘率吗?存储在我们短期记忆中的信息,在不到30秒的时间内就会被忘记。例如,有时候我们说要去找一本书,转头就忘了要找哪本书,这就是短期记忆。

长期记忆是指相对永久的记忆,它拥有无限的容量。脑科学家研究认为,我们记忆中存储的永久性内容远远比我们想象的多得多。例如,当我们真的要记住一个特定的内容时,我们会发现回忆起的内容比想象的更多。

后文我们要讲的提高记忆的技巧都是针对长期记忆。接下来我会介绍一些实用的记忆方法帮助大家读取、存储信息,从而能够更有效地检索信息。

8.2 永久记忆:情绪记忆法

8.2.1 重新做回"学生"的老师

《学会如何学习》里讲了一位从老师重新做回"学生"的真实的故事。

在英国的一所高中里,有一位叫阿尔的老师,今年42岁,他所教授的科目是宗教和哲学。如今,阿尔老师却紧张地坐在考试大厅里和一群16岁的高中生一起考化学。

第 8 章 记忆：能学好，往往是因为记得牢

事实上，直到一年前，阿尔对化学还一无所知。他在高中的时候上了一所好学校，但他非常不喜欢化学，他认为学化学很难，必须背诵很多物质才行。因为他对化学课实在是不感兴趣，学校就让他放弃了学化学。当时他松了一口气，认为学校帮了他一个大忙，他再也不用和讨厌的科目苦苦较量了。但也是从那时候开始，阿尔经常觉得他所接受的教育里缺失了一个重要的东西。

现在，阿尔的部分教学工作是去听其他老师的课，帮助他们改进教学方式。他也听过一些老师的化学课。听课的时候，阿尔觉得有点难为情，为什么呢？因为有的时候学生会问他一些简单的化学问题，但是阿尔却答不上来。学生发现老师都不会这么基础的化学知识，不免感到有些吃惊。

背景知识中有这么一个大大的缺口，让阿尔感觉非常不好，他决定重新开始学习化学，用一年的时间学会中学里五年修习的化学知识。他还决定和他的学生一起参加 5 年制高中的化学考试。他向学校里所有的师生都宣布了这件事，并且希望大家能帮助他。

阿尔经常去蹭学生的化学课。学生会邀请阿尔和他们一起去实验室做实验。有时候阿尔遇到不懂的知识还会虚心地请教学生，学生通常都会耐心地给他解答。阿尔还说，教他对于学生而言也是有帮助的（别忘了我们前文使用的费曼学习法，教是最好的学），这是一件双赢的事。阿尔说，学生原本可以嘲笑他，但是他们并没有，他们都是很棒的小老师。

阿尔在学习化学的过程中，都是用番茄工作法集中学习 25 分钟，同时科学用脑，结合使用专注思维和发散思维。

重点来了，在背诵化学里困难的内容时，阿尔经常使用情绪记忆法。他想象自己对着一辆正在融化的白色保时捷车哭泣，这能帮助他记住熔化铝的催化剂是冰晶石，这是一种白色粉末。这种情绪

163

记忆方法对他很管用。

阿尔开玩笑说，家人看到他学化学的时候又哭又笑，都觉得他疯了。但是他太希望摆脱对化学一无所知的状态了。而且他也为自己掌握了这样一种行之有效的学习方法感到开心。

努力了一年后，阿尔终于迎来了化学考试。两个月后，成绩公布的那天，阿尔很紧张，但当他打开信封时，他太高兴了，他最终以优秀的成绩通过了考试！重新去学小时候最不擅长的学科是很有挑战性的一件事，但阿尔做到了。

阿尔老师在记忆困难知识的时候，运用了情绪记忆法。接下来我们就来讲讲为什么情绪记忆法非常有效，以及怎样科学合理地使用情绪记忆法。

8.2.2 激活杏仁核

还记得前一章我们讲过的那只大脑里的"小海马"吗？海马体在大脑里发挥着信息检查员的作用，它决定着我们能否把学到的知识存储到长期记忆中。

我们再来详细讲讲海马体。反复刺激海马体的神经元能产生一种叫我们LTP的效应，但是这种效应很难产生，需要反复刺激（也就是说需要反复记忆）。LTP效应产生的时候，海马体就能存储更多的信息。换句话说，LTP效应是大脑的记忆之源。如果能让LTP效应经常发生，就能记住更多的知识。

怎样才能让LTP效应更容易发生呢？日本脑科学研究专家池谷裕二通过研究实验表明：激活大脑里的杏仁核的神经元组织，就能十分有效地产生LTP效应。

杏仁核的位置和海马体离得很近。它只有我们小指的指甲那么大，但它承担着非常重要的任务。杏仁核能让我们产生快乐、悲伤、焦虑、恐惧等各种情绪。如果说我们把海马体看作大脑里的记忆功能区，那么杏仁核就是情绪功能区。只要激活杏仁核就容易产生神经元的 LTP 效应。换而言之，人在情绪高涨时会更容易提高记忆力。

现在我们来回忆一下脑海里那些让我们印象深刻的事，我们肯定能理解杏仁核的功能究竟有多强大。那些让我们快乐或者悲伤的事，我们无论如何也忘不了。例如，数学考满分、去游乐场玩或者某次因为干坏事挨父母的打，这些带情绪的事件都作为长期记忆存储在了我们的大脑里。

8.2.3　记忆实操：给知识赋予情绪

既然情绪对提高记忆力如此重要，我们完全可以把看似"冷冰冰的知识"转化成带情绪的事件。现在我们来使用"情绪记忆法"背诵历史课本上的"商鞅变法"。

不要对着课本死记硬背文字，我们可以把自己想象成秦王，带着强烈的快乐情绪，想象商鞅变法给自己的国家带来的变化。

在公元前 356 年，商鞅为我和国家做了三件事。

第一，国家承认土地私有，允许自由买卖。国家的经济得到了发展，我很高兴（这时候请哈哈大笑）。

第二，奖励耕战。生产粮食布帛多的人，可免除徭役；根据军功大小授予爵位和田宅，废除没有军功的旧贵族的特权。军队战斗力不断增强，普通百姓更重视生产，大家都很拥护我，我很高兴（背诵到这里的时候请继续哈哈大笑）。

第三，建立县制，由国君直接派官吏治理。各地方官员由我直接统治，我很高兴（这时候我们还要哈哈大笑，甚至可以跳起来）。

这样带着快乐的情绪学习，我们很容易记住商鞅变法的时间、地点、内容和作用。

我们完全可以把强烈的喜悦或者悲伤的感情赋予历史事件、古文、诗词，甚至化学元素周期表。我们可以找个没人的地方，偷偷对着知识点哭和笑，虽然我们可能会觉得这样做有点傻，就像阿尔的家人觉得他"疯了"。但是我们要知道，带着情绪记忆可以有效地产生 LTP 效应，甚至让我们一次就能永久记住需要背诵的知识。它的好处是无需反复复习就能刺激海马体产生 LTP 效应。这样就能节省为我们大量的复习背诵时间，有效地提高学习效率。

8.3 趣味记忆：房子记忆法

8.3.1 嘴巴动，大脑却不动

阳华非常抵触背诵，不论是语文、历史、道法里的文科内容，还是物理、化学、生物等理科内容，只要涉及背诵他都很反感。他觉得背诵太枯燥乏味了，只要一背书就感觉大脑在抵触想背的知识，越抵触越背不下来。

看到各学科一大堆需要背诵的内容，阳华很有压力。有了抵触心理后，背起来更难了。每次背书的时候，他都会很烦躁，总是走神分心，有时候一段材料朗读了好多遍，也记不住。只是嘴巴在动、脑子根本不动，这种状态背书，当然是背不好的。

阳华最怕周二和周五了，因为语文老师会在这两天的课间抽同学们去办公室背文言文或者古诗词。害怕抽到自己的那种煎熬的心情真是让阳华难受极了。

如果像阳华这样，靠一遍又一遍地朗读记忆，确实很枯燥。既要花时间去理解内容，还要不断复习，才能达到长期记忆。如果某个知识点没想起来，他可能会卡住想很久，这更会加剧他对背书的抵触和厌烦。那么，我们有没有办法让记忆变成一件有趣的事呢？当然有，而且很多记忆大师都在这样做。

8.3.2 大脑偏爱记什么

现在我们来做个游戏。我们可以回忆一下，我们仅仅去过一次的某个地方，例如某个朋友家、某个公园，或者某个饭店。

现在我们来描述一下那个地方具体是什么样的。比如上个月我们刚去过同学小雨家。我们的脑海里会立刻浮现出小雨家的整体布局。我们会想到客厅、卧室、厨房、餐厅、卫生间的位置在哪里；我们会想到客厅里家具的陈列摆放；我们会想到房间里的颜色搭配；我们会想起餐厅里有几把椅子；我们还能想到哪面墙上有挂画或者照片；我们甚至连挂画上的内容都记得清清楚楚……看，才短短几分钟，我们的大脑就能回忆出几百条信息，甚至更多。

为什么我们能把去过一次的地方记得这么清楚，而且记得毫不费力，而课本上的知识我们却要重复无数次才能记住？这就要说说我们大脑自带的"记忆偏好"了。

据脑科学家研究显示，我们的大脑有着非凡的视觉和空间记忆系统。科学家把这个系统称为"视空间记忆"。这个记忆系统能容纳的信息量比我们想象的还要大。

换而言之，我们的大脑更喜欢记住图片、实物和空间里具体的东西。比如一个一岁半的孩子看到一个实物苹果和"苹果"两个汉字，你们觉得他会记住哪个？当然是先记住实物苹果了，因为它有色彩、很直观、很具体，而汉字就比较抽象了。你现在可以理解为什么很多孩子甚至大人更喜欢漫画而不是纯文字的书了吗？这都是因为我们大脑有记忆偏好。

如果我们把视觉和空间记忆系统用在学习上，我们就能轻松地记住所学的知识，而且还能把背诵变成一件有超有趣的事。接下来，我们使用房子记忆法来学习有趣的记忆技巧。

8.3.3　记忆实操：搭建房子

房子记忆法又被称为"宫殿记忆法"。这个方法并不稀奇，甚至可以说是历史悠久的记忆法，据说早在 2500 年前就有古罗马人用这个方法背诵演讲稿。由于房子记忆方法非常好用，很多国际上获奖的记忆高手都在使用。例如电视节目《最强大脑》里很多选手就是用房子记忆法进行高效记忆的。它的具体使用方法分为如下五个步骤。

第一步，在脑海里搭建一座熟悉的房子。例如，熟悉的图书馆、学校。因为对家里的物品摆放和格局更熟悉，我们最好把自己的家当成记忆信息的房子。

第二步，把房子里的每间房间都固定好，构建出有序的位置。注意房子里的物件特征，系统地分解每个房间。现在我们可以试试，在大脑里的这座房子里漫步，一边走一边记录各种物件特征。每一个物件都将成为一个"记忆槽"，后面就可以用来储存一个特定的信息。

第三步，把房间和里面的物件牢记于心。可以在家里实实在在地走一遍路线，以便建立视觉思维，从而帮助熟记记忆路线。

第四步，将我们要记住的信息放到房间的具体位置。例如，把某个物件作为"记忆挂钩"，然后联想我们想要记忆的信息，可以把信息想象得很有立体感，甚至很荒诞。我们想得越是具体和搞笑，我们的大脑就越喜欢，越不容易忘记。

第五步，回顾大脑里的房间，排练信息。在大脑里排练刚才联想的记忆信息，多排练几次，就会将信息记得越来越牢固。

到此为止，房子记忆法的步骤就完成了。这个过程就像把书放回图书馆里的书架上，书架是固定的，书是分好类的，等我们需要某本书的时候，就能方便地找出来。

只说步骤大家可能觉得还是不够具体。接下来，我们就通过记忆一首唐诗来实操房子记忆法。只要我们认真模仿这个例子，就能够清晰地理解并使用房子记忆法了。现在我们要背诵的唐诗是李白的《送友人》，我们试试用房子记忆法挑战五分钟把它背下来：

青山横北郭，白水绕东城。

此地一为别，孤蓬万里征。

浮云游子意，落日故人情。

挥手自兹去，萧萧班马鸣。

房子记忆法的前三步是选择熟悉的房子、做好分类、牢记房子的内容，大概需要不到一分钟的时间。每个人都对自己家的房子很熟悉，以后如果长时间使用房子记忆法，我们就会很熟悉大脑里这个专属于我们的房子，就不需要再花时间了。重点是第四步和第五步的操作。

第四步，我们将这首诗存储到熟悉的房子里。

先看古诗前两句里的"北郭"和"东城"，我们以此为线索马上进入房子的东北角，假设房子的东北正好是厨房。我想象着厨房北边墙面是北郭，厨房东边墙面是东城。接着我再想象一座体积很大的绿色的大山（青山）横在北郭，白色的像牛奶一样的水环绕着东城。"青山横北郭，白水绕东城"前两句轻松背下来了。

第三、四句里的"此地"就是厨房，"一为"不好记，我就把它记成一个人名，有个叫"一为"的人要在厨房跟我告别。"孤蓬"记成"一为"孤单地穿着斗篷要像红军一样去万里长征了。"此地一为别，孤蓬万里征"也背下来了。

再看第五、六句。因为厨房的东边有个窗户，我就想象着自己从窗户看"浮云上的游子"和"落日上的故人"。我把"游子"想象成一个比较喜欢外出游玩的同学，把"故人"想象成很久没见过面的一个同学。这两个同学正好是彼此认识的，恰好他们有"情意"，对应"浮云游子意"的"意"和"落日故人情"的"情"。这样很快就背下来这两句了。

最后两句我想得很搞笑。我想象着一个人挥着手发出滋滋（自兹）的响声，骑着小小（"萧萧"的谐音）斑马出去了，斑马还在"鸣叫"。"挥手自兹去"和"萧萧班马鸣"也背下来了。

就这样花大概一分多钟的时间，我就能轻松记住这首诗了。当然这时候我背得还不够熟练，还需要进行第五个步骤，重新在大脑里排练刚才联想的信息。

我第一次回顾排练信息的时候，只背错了一个地方，把"挥手自兹去"背成了"挥别自兹去"。所以我在这里又改造了一下记忆信息，把挥手的那个动作想象得很夸张，手变得很大很大。等第二遍回顾背诵的时候，我就把这首诗全部都背下来了，总时长不到5分钟。

这首诗我以前没学过，使用房子记忆法后，没想到不到五分钟我就背下来了。这可比传统的靠声音记忆的方法快多了。更让我感到高兴的是，这首诗我以后再也不会忘记，因为它以视觉的形式"住在"我的房子里了。

如果使用多次朗读的方法或者理解内容记忆的方法，我至少需要15分钟才能背会一首古诗词，而且后面还需要多次重复记忆。相比之下，房子记忆法能节省很多背诵时间。

同学们，现在你们也来找一首没学过的古诗词，尝试使用房子记忆法来背诵。每个人的记忆宫殿都不同，你们可以按照自己喜欢的方式去布置房子，联想诗词里的内容。这个过程很有趣，还能节省时间。

据记忆专家实践可知，我们可以搭建很多的房子，有很多国际记忆大师能在大脑里搭建 50 多座房子，甚至更多。我们不用再靠机械的重复记忆来背诵文字了。那些枯燥乏味的文字知识都变成了视觉图像，缓解了枯燥的背诵带来的抵触情绪。这个技巧还可以帮我们的大脑释放出更多的记忆空间，它能将记忆的知识分好类，让我们轻松地进行长期记忆。

8.4 运用本能：狮子记忆法

8.4.1 草原上的一头狮子

同学们，在学习新的记忆技巧之前，我们先来想象非洲草原上有一头威武凶猛的狮子。

狮子在什么时候才会开动脑筋想办法呢？肯定不会在吃饱喝足的时候。填饱了肚子的狮子会懒洋洋地睡上一觉。只有在肚子饿的时候，狮子才会开动脑筋。

寻找食物的时候，狮子会想尽各种办法捕获猎物。它会来回走动，巡视四周，寻找它的目标。当它终于找到了一群羚羊，立刻会瞪着灯笼般的眼睛，聚精会神地注视着它们，甚至全身的毛都竖立起来。如果羚羊发现得及时，立刻飞快地逃窜，狮子就会紧追不放，想尽一切办法继续追逐。然而羚羊跑得实在太快，很快狮子的耐力就消耗光了，累得直喘气，羚羊就这样逃走了。

狮子的正面袭击宣告失败，足智多谋的它决定采用新方法。这次找到猎物后，狮子先把自己隐蔽起来，藏在草木茂盛的地方，打

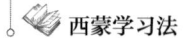

算出其不意地发动攻击。等新的猎物靠近的时候，狮子看准时机，迅速冲过去抓住了猎物，最终，它胜利了。

8.4.2 运用本能进行记忆

看到这里有人可能会问，为什么让我们看狮子捕猎的过程？接下来我要介绍一个新的记忆法，它叫做"狮子记忆法"。狮子记忆法由日本脑科学家池谷裕二发明，运用的是动物本能。

研究发现，对于动物的本能而言，饥饿是一种危险状态。狮子饥饿的时候，才是脑力最好、记忆力最强的时候。我们人类也是如此，肚子饿的时候，也是我们的大脑处于适度危机的时候，胃会在此时分泌一种名为"食欲刺激激素"的饥饿激素。这种饥饿激素通过血液循环进入海马体，促使海马体神经元产生LTP效应。前文已经讲了，产生LTP效应就能提高我们的记忆力。吃饱以后，我们的饥饿激素水平会降低，而且血液会集中在胃部和肠道工作，这就会使大脑的活动水平降低。这时候，我们就像狩猎后吃饱了的狮子一样懒洋洋地想睡觉，这是本能，吃饱了，大脑就不愿意工作了。

因此，狮子记忆法的第一个原则就是在饥饿时进行记忆。很多同学喜欢在吃饱喝足的时候进行学习和背诵，这并不科学。最好的状态是在三餐前一个小时。建议大家晚上放学后不要急着吃饭，而是在饥饿状态下先学一会儿。

狮子在狩猎时经常会来回走动或奔跑，来回走动时，海马体会自动产生LTP效应，有助于提高记忆力。这和运动有助于提升脑力是一样的道理。所以，狮子记忆法的第二个原则是，在背诵学习材料的时候可以来回走动。我现在终于明白了，上大学的时候，我的一位日语老师为什么让我们背诵日语的时候在教室里来回走动。来回走动能帮助我们更快地记住背诵的内容。

另外，狮子在感到寒冷时也会产生危机感，这时候它的大脑也会提高警惕，脑力会比平常更好。较高的室内温度不仅会减弱人的危机感，还会影响大脑的血液循环，从而降低我们的思考能力。这给我们的启示是：我们更适合在温度比较低的房间里学习。所以，冬天屋子里暖气温度太高对于学习来说不是好事，夏天在能吹冷气的空调屋里学习倒是一个不错的选择。

8.4.3　狮子记忆法和记忆黄金时间

综上所述，同学们在运用狮子记忆法的时候要掌握三个原则。

第一，饭前处于饥饿状态的时候背诵。

第二，背诵的时候可以来回走动。

第三，室内温度不宜过高。

另外，同学们，你们知道一天当中哪个时间段是黄金记忆期吗？对此，脑科学家曾经做过相关实验。

实验者被分为如下两组。

第一组，实验者在早晨进行背诵记忆。

第二组，实验者在晚上进行背诵记忆。

研究者在两组实验者学习后的第 12 小时和第 24 小时，分别对其做了记忆测验。结果发现晚上背诵的实验者的遗忘率远远低于早上背诵的实验者。这说明了，晚上才是记忆黄金期。注意，晚上背诵记忆指的是睡觉前记忆，而不是熬夜学习。前文我们也讲过，睡眠能提高学习效率。大家如果要背诵重要材料，尽量在睡觉前使用狮子记忆法进行背诵。

8.5 启动创意：你敢打破自己的记忆习惯吗？

8.5.1 你能背得更快、更准、更多

张紫琳今年五年级，成绩在班里中等偏上。对于背诵课文、古诗词、道法、历史、英语单词等需要记忆的内容，她从来没有想过使用记忆技巧进行背诵。老师要求背诵的古诗词或者材料，她就认真地一遍又一遍朗读背诵，老师和爸爸妈妈也从来没有教过她背诵的技巧。

在紫琳看来，背诵只要肯付出时间背就行了。不好背的内容就一遍又一遍地看，一遍又一遍地读，一遍又一遍地记忆，反正只要肯下功夫就一定能背下来的。她从来没有在记忆方面有过任何困惑，也从来没想过提高记忆技巧。她甚至一度认为背诵是最没技术含量的学习，只要愿意花时间谁都能背得很好。

像紫琳这样忽视记忆技巧的同学有很多。大多数同学都认为记忆不是困难的事，只是愿不愿意花时间背诵的问题。如果你也这样想，就是被固有的记忆习惯束缚了。记忆技巧有很多，用心钻研技巧，能节省很多死记硬背的时间，提高学习效率。

在学习记忆技巧的时候要打破常规的记忆方法，不要怕麻烦。虽然刚开始在学习方法的时候，我们可能需要花费一些心思，但是到了初中，需要大量记忆背诵的时候，我们就会感觉很高效，省时又省力。

同学们，从现在开始就要求自己多学习记忆技巧，你能背得更快、更准、更多！

8.5.2 盘点记忆方法

前文我们已经讲了三种高效记忆法。现在我们再来介绍三种新的记忆方法。记忆方法多多益善，同学们都来试试。

第 8 章 记忆：能学好，往往是因为记得牢

1. 声音记忆法。

声音记忆指的是靠耳朵"听"和"朗读"来记忆知识。

例如，6 岁前的学龄儿童大多是靠"听"来进行背诵。每天睡觉前给孩子听几遍古诗或者英语儿歌，过段时间孩子自然而然就记住了。

靠"听"进行记忆的优点是"无痛学习"，不用动脑，听多了自然就会了。这种方法更适合学龄前的孩子和低年级的学生，不适合高年级的学生。很多学生到了高年级就会"一心多用"，大脑里思考的东西多，对于外界的声音刺激不敏感，往往是左耳朵进，右耳朵出。

朗读记忆是指通过不断地朗读背诵材料，越读越熟练，直到背下来为止。据我观察，大多数学生都在用这个方法背诵材料。它的缺点是耗费的时间比较长，需要不断地、一遍又一遍地重复朗读，也会有些枯燥。

2. 逻辑记忆法。

逻辑记忆法又被称为"理解记忆法"，是很多高年级孩子们都在用的记忆方法，它侧重于理解所学知识，掌握知识内在的逻辑和规律，然后再进行背诵。

例如，背英语单词最高效的方法就是自然拼读法。大家只需要理解自然拼读规律，就能根据每个字母的发音规律和字母组合的发音规律高效地背单词。学会了自然拼读并熟练掌握它的规律，能做到秒记单词，比传统的死记硬背效果好很多。因为大多数单词都符合发音规律，所以我们很容易达到"听音能写、看词能读"的效果。

3. 编故事记忆法。

有些学科的学习内容本身就很枯燥，而且很多知识点还需要

175

背诵，这无形之中加剧了我们的畏难情绪。大家有没有想过换一种思维方法呢？我们可以把自己当成导演，把课本里枯燥的知识编成一个故事、一部电影、一首儿歌、一个口诀或者一个谐音。这样想想，是不是很有意思？

千万不要把自己当成一个机械的"学习机器"或者"背诵机器"。我们应该把自己当成导演，把知识编成一个个有趣味的故事。哪怕我们编的故事情节很短，知识也会鲜活起来了。我们很难忘记鲜活的知识。

现在我们来举几个编故事的例子。例如，地理课上学到了世界最高峰珠穆朗玛峰的高度是8848米。我们可以编个故事，假如自己要爬世界最高峰珠穆朗玛峰，对自己说"爬爬试吧"（8848的谐音），这样就永远也忘不了珠穆朗玛峰的高度了。

还有像"一三五七八十腊，三十一天永不差"这样的记忆口诀。我们只要记住这个口诀，永远也忘不了哪个月有31天了。

中国历史里的朝代歌也是一个经典例子，把历史朝代编成一个押韵的儿歌：

三皇五帝始，尧舜禹相传。
夏商与西周，东周分两段。
春秋和战国，一统秦两汉。
三分魏蜀吴，二晋前后延。
南北朝并立，隋唐五代转。
宋元明清后，皇朝至此完。
民国承前建，共和续新篇。

这样的儿歌因为节奏押韵更便于记忆，只要把朝代歌背下来，我们对中国历史的发展就有了一个大致的了解。

编谐音也好、儿歌也好，重点在于"编"。编一个属于自己的故事更有利于把知识记牢。同学们，你现在就是一个导演，快试试导演自己的知识吧。

8.5.3 肌肉记忆法之谜

大家有没有听过"读10遍不如抄一遍"和"好记性不如烂笔头"这两句话？这两句话说的是多动笔手写，有助于强化肌肉记忆。到目前为止，手写能提高记忆力的科学研究还是空白的，但是我们中国自古以来就有手写能提高记忆力的案例。

现在我给大家讲讲明代文学家张溥的故事，明史上记载了他"七录七焚"的佳话。张溥小时候学习非常刻苦，所读的书必定亲手抄写，抄完了朗诵一遍，就把所抄的内容烧掉，然后再抄，像这样七次才停止。后来张溥作诗和写文章都非常快，不用起草，只要挥笔很快就完成。

张溥的成就并不是因为他有多聪明，相反，张溥小时候是大家眼里的"笨孩子"。小时候的张溥背书困难，相比于其他同龄孩子，张溥的记忆力格外差。

有一次，上课时先生让张溥背书，他磕磕巴巴背了一半就背不下去了，先生很生气，以为张溥因为贪玩忘记了背书，于是用戒尺狠狠地打他，还罚他把文章抄写十遍。第二天张溥把抄好的十遍文章交给先生，先生又让他背诵，张溥却奇迹般地背完了一整篇文章，还非常流利。

这一次偶然的机会，让张溥找到了一个记忆窍门，他明白了抄写可以加深记忆力，于是他试着抄写其他的文章，一遍又一遍地抄，果然发现比以前记得更快。此后，张溥便将抄写技巧运用到了日常学习中。后来便有了"七录七焚"的佳话。

相信很多同学也都有亲身实践，手写的印象比朗诵更深刻。假如我们在要背一首很难背的古诗，不如先在纸上写一遍，印象就会更深刻。

到目前为止，我们已经讲了7种记忆方法。脑科学家经过实验证明人的大脑有4种记忆模式：声音记忆、逻辑记忆、图像记忆、情绪记忆。终生难忘的记忆是情绪记忆，而记忆又快又牢固的是图像记忆（房子记忆法），希望大家把这些好方法用到学习当中，提高效率。如果你有更多的记忆方法，也欢迎你把它分享给我。

第9章 觉醒：在争议中前进

9.1 卡尔·威特：超常教育

9.1.1 卡尔·威特的故事

卡尔·威特的教育，是 19 世纪德国一个著名的早期教育成功的案例。

小卡尔·威特八九岁时就掌握了德语、法语、意大利语、拉丁语、英语和希腊语这 6 国语言，并且通晓动物学、植物学、物理学、化学等各学科，尤其擅长数学。9 岁时他就考进了哥廷根大学，年仅 14 岁就被授予哲学博士学位，16 岁获得了法学博士学位，并被任命为柏林大学的法学教授。23 岁时，他发表了《但丁的误解》一书，成为研究但丁的权威。与那些过早失去后劲的神童们不同，卡尔·威特一生都在德国的著名大学里授课，一直都受到人们的称赞。

他之所以能学有所成，并不是因为他的天赋有多高。恰恰相反，他出生后被认为是个反应慢的婴儿，而他能学有所成主要得益于他的父亲老卡尔·威特对他的教育。卡尔的父亲名字也叫卡尔·威特，我们在这里叫他老卡尔。

老卡尔把对儿子卡尔·威特 14 岁以前的教育写成了一本书，这本书就是著名的《卡尔·威特的教育》。书里记载了小卡尔的成长过程、教子心得和他独辟蹊径的教育方法。这本书写于 1818 年，被公认为世界上最早论述早期教育的文献。

第9章 觉醒：在争议中前进

但这本书问世后并未引起人们的重视，几乎绝版，保留至今的只有很少的几部了。哈佛大学图书馆里藏有的一册，据说是美国唯一的珍藏版本。因此，看过原书的人极其少，老卡尔的教育理论只零散见于受他启发而创作的一些论文和书中。正是受老卡尔早期教育理论的影响，很多父母培养出了无数世界级人才。

在我们中国，受卡尔·威特教育理论影响的成才的案例也很多。例如，哈佛女孩刘亦婷的母亲就是在卡尔·威特早教理论的启发下，将女儿培养成出色的人才。在《哈佛女孩刘亦婷》一书中，刘亦婷妈妈写道："应该永远感谢这些早期教育的倡导者和实践者。我根本想不到，由哈佛图书馆里的孤本藏书所传播的教育思想，最终会把刘亦婷引向哈佛。"

另外，《我的事业是父亲》的作者蔡笑晚老师也在他的书中提到了卡尔·威特的教育理论对他的启发。正是因为受卡尔·威特早教思想的影响，蔡笑晚老师才会对6个子女进行早期教育，后来6个子女都成功考入了哈佛大学、康奈尔大学等世界名校。

我把《卡尔·威特的教育》里一些对父母有帮助的教育理论总结如下。

1. 强调天赋对孩子的成才不起决定性作用，父母对孩子后天的教育和引导更重要。

2. 认识到早期教育的重要性。

卡尔·威特强调尽早对孩子进行早期启蒙教育。例如，在孩子不会说话时就开始给孩子读诗歌、讲故事。

3. 培养孩子的好奇心和兴趣。老卡尔鼓励卡尔·威特提问题，并针对他提出的问题尽可能全面地答复。

4. 重视外语的学习。老卡尔带卡尔·威特学习了6国语言，通过对语言的学习，卡尔·威特还了解了不同国家的文化。

5. 游戏教学。老卡尔从来不给孩子强行硬灌知识。他尊重孩子爱玩的天性，通过设计不同的游戏，让孩子在玩中学。

6. 带孩子出去旅行。让孩子在旅途中开阔眼界，增长见识。

7. 重视孩子的德育。老卡尔以身作则，待人诚实善良、有同情心，给卡尔·威特树立了一个勤奋上进的榜样。

8. 在生活中学习。老卡尔认为生活中处处可学习。例如，散步的时候他带卡尔·威特沿途学习植物学；沿着乡镇走一圈后，教卡尔·威特学会如何绘制地图；通过数豆子让卡尔·威特了解数学概念。

9.1.2 到底该不该超前学习

卡尔·威特的教育理念其实也一直存在争议。争论得最多的是"知识要不要超前学，要不要尽早学"。有些家长认为过早教孩子学知识会造成孩子厌学或者用脑过度。

其实，心理学家已经证实，大多数孩子接受教育的最佳时间是在3岁前。越早对孩子进行有效的教育引导，越早能唤醒孩子的求知欲，这种对知识的热爱将会贯穿孩子的一生，让孩子受益无穷。据研究，从未有过一起心理学病例是由思考过度或学习过度导致的。相反，导致神经紧张的因素大多是孩子对学习缺乏兴趣和动力。

在前文我们也讲过，据脑科学家研究，不存在用脑过度的情况，大脑是越使用越灵活的器官。据我多年在教学一线的观察可知：幼龄孩子都对"玩中学"很感兴趣，如果我们引导有方，孩子会因此爱上学习。

与其说超前学习，不如把它理解成"预习"。前文我也讲过自己的亲身经历，通过"暑假超前学习英语"，我才成了英语学霸。

学习能力弱的蜗牛型孩子能通过预习提前热身,而那些学习能力强的火箭型孩子,也能通过提前接触各学科知识来拓宽知识面。所以,尽早给孩子进行各学科启蒙是科学合理的。

当然了,前提是家长一定要摒弃把孩子培养成天才的功利心,家长不一定要把自己的孩子培养成卡尔·威特这样的天才。只要不错过孩子的最佳启蒙期,带领孩子每天进步、在快乐中学习,这样的教育就算是成功的。

9.1.3 借鉴理念,不照搬细节

在几百年后的今天,老卡尔的教育理念仍然不过时。他主张尽早启蒙,重视孩子的素质教育。他强调尽最大努力把孩子培养成身心健康、多才多艺的人才。这些理念都是值得我们学习和效仿的。

我们虽然可以借鉴老卡尔的教育理念,但因为时代的变化,很多细节是不能照搬的。

首先,当代父母大多都是双职工,忙于工作,没时间照顾孩子。孩子小时候大多由老人照顾,很多父母没有足够的时间像老卡尔一样能全心全意陪伴孩子,免不了顾此失彼。

其次,老卡尔学识渊博,他像一本百科全书一样,能在很多方面给予孩子及时的引导和启发,而大多数父母是没有这样的学识的。

更难能可贵的是,老卡尔对孩子非常有耐心。在孩子出生前,他就做好了教育计划,他也做到了每日耐心养育,而不是"三天打鱼,两天晒网"。

因此,在细节方面我们很难复制老卡尔的教育方法,我们能做到的是根据家庭实际情况对细节进行调整变通。父母如果没有充足的时间陪伴孩子,那么可以利用下班或周末的空闲时间带孩子进行

启蒙。这样做，虽然不能把孩子培养成天才，但总比什么都不做要好得多。

很多父母感叹自己没有像老卡尔一样的学识，但是我们一样可以和孩子一起学习，一起成长。我常常和认识的家长说："父母的学习力是孩子进步的天花板"。而且我们拥有老卡尔当时没有的一个便捷条件——互联网发达、获取资源方便。每个父母都可以先自学各学科的启蒙方法和育儿方法，再引导孩子学习。

我在刚从事教育工作的时候就读过了《卡尔·威特的教育》。有了自己的孩子以后，我不能说100%做到了老卡尔这样的程度，但我确实受到了老卡尔的早期教育理论的影响。尤其是寓教于乐，用游戏教学的理念让我受益匪浅。

9.2　奖励机制：该不该为了奖励而学习

9.2.1　奖励机制管用吗？

李思远的妈妈是大公司里的高管，她把在公司里管理团队的绩效考核，也用在了孩子身上。

自从思远开始上小学，思远妈妈就把考核表写得明明白白的。例如，读书、完成作业、考试成绩达到目标了就奖励积分。积攒够100积分可以换兑换100元钱。与之相对应的当然还有惩罚制度，如果思远表现得不好还会被扣分。用积分兑换的钱，思远可以随意支配，想买什么就买什么。

俗话说得好，重奖之下必有勇夫。刚开始，这个积分制度对于思远来说确实很有效果。思远为了得到积分，会积极主动地完成作业。

但是时间长了,新鲜感过去了,边际递减效应出现了,这个积分奖励制度也慢慢失灵了。有时候家里会遇到一些突发的事件,例如思远做了错事,妈妈一时冲动就把思远的积分扣掉一半,甚至把积分清零。思远觉得妈妈不讲原则,所以他也不再看重积分。加上随着年龄增大,思远不再像小时候那样只在乎"物质奖励",他不再在乎能不能赚到积分兑换的"零花钱"。就这样,思远妈妈制订的育儿绩效积分表,慢慢失去了作用。

9.2.2 外部动机刺激法

下面几个场景大家一定都不陌生:

"只要你考到 100 分,我就给你买你最喜欢的盲盒。"

"只要你每天坚持读英语,周末就带你去游乐场玩。"

"只要你把这些练习题做完,我就带你去吃大餐。"

很多家长都喜欢用类似思远妈妈这样的奖励机制,达到激励孩子积极学习的目的。这种激励的方法被称为"外部动机"刺激法。

但也有一些家长和老师对外部动机激励法提出了质疑。他们认为读书学习是孩子的义务,不能用物质来交换;或者认为读书本身是一件有趣的事,如果用奖励作为"诱饵",就偏离了读书的目的。事实真的是这样吗?

脑科学家池谷裕二认为,在心理学当中,这种利用外在动机的方法作为一种有效的手段,得到了广泛的认可。事实是,如果孩子缺乏外在动机,学习能力会严重下降,这一点已经得到了证实。甚至对于动物而言,它们也通常会在缺乏外在动机的情况下完全丧失学习能力。如果在训练小狗做数学题或者海豚做高难度动作的时候,不给它们足够的食物作诱饵,它们肯定不会配合学习。由此看来,外部动机刺激法是一种很有效的方法。

当然，在这里我们并不否认"内部动机"的重要性。内部动机是指孩子有自驱力、对学习感兴趣、能积极主动地学习。孩子如果有了自驱力，学习效果会更好。但是如果孩子年龄小、本身内部动机很弱，对一些枯燥的知识点没有兴趣该怎么办呢？

这时候，家长可以适当使用外部动机刺激法激励孩子学习。例如，家长跟一个五六岁的孩子讲学习的重要性、人生理想之类的大道理，他是不大能听得懂的。就算是能听懂，因为这些大道理距离他太遥远，他短时间内也尝不到甜头，所以孩子很快就会把这些大道理抛之脑后，起不到激励作用。但如果以"读完这本书，我就奖励你一个盲盒"来激励他，孩子马上就能打起精神投入学习，因为回报就在眼前，这比人生道理来得实在多了。重点是它能让孩子开启学习这项行动。

因此，一味地指责外部动机刺激法是没有道理的，不如适当利用好它，先让孩子接触学习某一门知识。等孩子在学习入门之后，获得正反馈的时候，他会慢慢爱上学习。

9.2.3 这样奖励孩子

如果家长想使用奖励机制激励孩子学习，一定要把握尺度，科学合理地使用奖励方法。我总结了以下五个奖励原则供家长参考。

第一，物质奖励和精神奖励相结合。

物质奖励可以使用，但它不可能一直有效。就像前文讲的思远妈妈的零花钱奖励对思远起到了很好的激励作用，但是并没有坚持贯彻到底。一是因为思远妈妈破坏了原则，二是因为后来思远对物质奖励不再感兴趣了。所以，除了物质奖励，我们更要给予孩子及时的精神奖励。

精神奖励的方式有很多。例如，孩子学会了一个新的数学解题方法，家长可以口头表扬孩子，由衷地赞美他："这道题很难，你这么快就能学会，说明你学习的时候很用心，继续加油！"口头表扬一定要表达清楚，不过度赞扬。

孩子还可能因为学到了新的解题方法而得到老师的表扬或者同学们的认可，他会因此觉得很有成就感，这种成就感本身就是最好的精神奖励。

据我在教学过程中的观察，孩子更在意精神上的奖励、心理上的认可。上课的时候孩子回答问题，我会奖励他们贴画。我发现他们并不是真心喜欢贴画这个物品，因为他们家里有各种各样的豪华贴画。他们更在乎的是被我认可和奖励的"荣誉感"。

第二，用普雷马克效应奖励孩子。

普雷马克效应也被称作"祖母效应"，指的是用高频的活动去弥补低频的活动，从而增加孩子低频活动的次数。

比如，孩子非常喜欢踢足球，但是不喜欢学语文。家长就可以合理地运用祖母效应，告诉孩子，可以踢球，但是必须要把规定的语文预习、复习任务做完才能去踢球。这样以孩子喜欢的"踢足球"作为诱导，也就是用高频的活动去带动低频的活动，孩子会更愿意完成语文作业。

第三，了解孩子的掌控感。

用奖励的方式引导孩子去做一件事情，这件事情必须是孩子自认为可以掌控的、有能力完成的。

例如，家长承诺孩子，如果一小时内能把一首难度很高的钢琴曲弹奏熟练，就奖励他一个最喜欢的盲盒。但这首曲子的难度远远高于孩子的弹奏水平，孩子对弹奏这首曲子完全没有掌控感，就会产生畏难情绪。孩子一气之下，很可能会说："奖励我不要了，反正我也学不会！"

因此，如果给孩子设立的目标特别难，那么无论使用怎样的激励方式都不管用。家长在给孩子设立目标的时候可以参考前文我们讲的 SMART 目标管理法。在设定目标任务时，给孩子跳起来就能够得着的掌控感，这样才能让奖励发挥作用。

第四，关注孩子的同伴鼓励。

随着孩子年龄的增长，同伴对他的影响会越来越大，甚至大于家长。孩子如果在学习时和同伴一起完成任务，并能做到相互鼓励，就会极大地提高学习效率。哪怕是线上或者社群里一起学习的同伴，都能起到很好的鼓励作用。

例如，孩子看到其他同伴早起读书打卡，也会比着早起读书打卡，这就是同伴之间相互鼓励的作用。

第五，不做前后矛盾的奖励。

有的家长不赞成孩子看手机、刷短视频、打网络游戏，但是却把看手机的时间和次数当成奖励，这样的奖励是前后矛盾的。

尽量把奖励和要完成的学习任务关联起来。例如，想激励孩子完成英语作业，可以把有趣的英文绘本、英文电影当做奖励；想激励孩子运动，可以把漂亮的运动服当做奖励；想激励孩子练字，可以买新奇的书法用品作为奖励。

9.3 效率优先：1 万小时定律准吗

9.3.1 "学会"和"精通"需要多久

按照西蒙学习法的原则来学习，如果每天不间断地学习，6 个月就能学会一门新知识。但是普通的中小学生很难做到用 6 个月的

第9章 觉醒：在争议中前进

时间学会一门新知识。不是说大家的学习能力不够，是大家的时间不能自由支配。

我们再来看看西蒙学习法的6个月算法：一个人1分钟到1分半钟可以记忆一条信息，心理学把这样一条信息称为"块"，每门学问所包含的信息量大约是5万块，如果1分钟能记忆1"块"，那么5万块大约需要1000小时，以每星期学习40小时计算，要掌握一门学问大约需要用6个月。

而学生周一到周五要在学校里上课，课程安排也是多种多样的，是不能自由支配时间的，每星期也不可能用40小时只学一门学科。因此，要达到"学会"的程度，需要做好规划，拉长战线。战线拉长后，中间就少不了遗忘，学生还要花时间进行巩固、复习。所以，这样算来，1000小时的学习对于中小学生来说，学会某门学科是不够的，只能达到基础门槛，要想"学会"就要奔着1000小时以上去学习。

但如果我们的目标不仅仅是"学会"，而是想"精通"（成为"高手"或者"专家"），需要多长时间呢？

美国作家格拉德·威尔在畅销书《异类》中给出了一个答案。他在书中也借鉴了西蒙学习法和心理学家埃里克森的研究成果，提出了1万小时定律。在他看来，人们眼中的天才之所以卓越非凡，并非天资超人一等，而是付出了持续不断的努力。他说："1万小时的锤炼是任何人从平凡变成世界级大师的必要条件。"他将此称为"1万小时定律"。

神经学专家丹尼尔·利瓦廷也说过："研究发现，达到任何一个领域的世界级水平都需要起码1万小时的训练。随着研究不断深入，作曲家、篮球运动员、作家、滑冰运动员、钢琴家、棋手……无论你是什么，10000这个神奇数字一而再再而三地出现。当然，这并不能解释为什么有些人能从等量的训练中获得更好的效果。但可以肯定的是，目前还未发现任何一位世界级的专家在其专业领域中的训练时长少于这个数字。人的大脑好像必须花费那么长的时间消化理解，才能达到极其精通的水平。"

按照1万小时定律，要精通某一门学问或者成为某个领域的专家，需要在这个领域至少学习1万小时。

9.3.2　1万小时定律的背后

很多人质疑1万小时定律的可靠性。要学有所成，一定需要1万小时吗？学够了1万小时一定能成为专家吗？其实，1万小时定律提出者格拉德·威尔也在他的书中也说明了，1万小时并不是绝对的。

我们先来看看心理学家埃里克森曾经做过的调查：

1. 想成为一名优秀、专业的演员大概需要3500小时。

2. 想成为一位记忆类专家大概需要数百小时。

3. 毕业后成绩优异的小提琴学生在18岁前平均练习了5301小时，而最杰出的小提琴学生则平均练习了7401小时。

这些例子说明：学好一门学问所用的总时长也不一定需要1万小时。由于所学学科不同，从入门到精通所需要的时间也各不相同。

另外，需要注意的是：即使学习时间达到1万小时，也不一定能成功。如果学习方法不对，也会白白浪费学习时间。例如，我们身边总会有一些看似很努力、其实学习成绩并不理想的同学。

如果我们只是每天机械地花上几小时去达成1万小时的目标，却没能使用更为有效的学习方法，也不克服自己在学习当中的缺点，即使花几万小时也不能保证成为高手。

总之，人与人的努力程度不同、刻意练习的时间也不同，学有所成的时间肯定也是不同的。与其说成为专家需要1万个小时，不如说10000这个数字背后所付出的各种努力，这才是真正能学有所成的原因。

9.3.3　其实你没有自己所说的那么努力

这些年，我总会遇到一些家长问我同样一个问题——"我家孩子从3岁起就学英语，学了三年了，现在一年级了，感觉英语还是没入门？好像之前三年都白学了，是老师教得不好，还是我家孩子不够聪明啊？"

这时候我往往会仔细和她们算一笔"学习账"。没学会往往不是因为老师教得不好或者孩子不够聪明，是因为家长不了解学习方法和学习规律。比如，这些家长所说的"学了三年"，真的是学了三年吗？

据我多年的英语教学经验，那些已经取得好成绩的、真正在用心学英语的学生，每天能学1小时，甚至更多，三年能学1000小时以上，这样才能学得更好，进步得快。同样是学了三年，学生的学习总时长和学习质量如果相去甚远，结果自然也不相同。

与其说"学了三年英语，白学了"，不如换成"只学了300小时英语，还远远不够"。所以，当你说"我学了三年某学科"的时候，一定要仔细想想，自己究竟付出了多少时间和心思，你可能没有想象中那么努力。

9.4 杠杆加速：学习要利用好课堂之外的时间

9.4.1 学得早不如学得"对"

王远扬的妈妈找到我，咨询我如何带孩子学好英语。

远扬刚刚 2 岁的时候，远扬妈妈就给他买了很多英语学习资料和工具，开始带远扬进行英语启蒙。刚开始收到点读笔和绘本的时候，母子俩还感觉挺新鲜的，每天都会一起共读学习。可是没过几天，远扬对绘本没了新鲜感，积极性大大降低。而远扬妈妈也不学习陪孩子英语启蒙的方法，两个人读得越来越不开心，一起共读的次数也就越来越少，最后逐渐演变成了"三天打鱼，两天晒网"的学习状态。慢慢地，远扬的英语学习资料和工具就堆在墙角里无人问津了。

一直到远扬上小学，他的英语都没有明显的进步。现在远扬 9 岁了，英语还是没走上正轨，远扬妈妈非常着急，也不知道该怎么做了，所以才来找我咨询。

那时候，隔着屏幕我都能感受到远扬妈妈的焦虑。从时间上来说，远扬的英语启蒙绝对算是很早的，但是为什么到了三年级英语还是没有走上正轨呢？

9.4.2 警惕：间歇性努力

很多家长都和远扬妈妈的情况一样，花了不少心思带孩子学英语，还是没有多大效果，问题就是出在了他们只是在进行"间歇性努力"。

间歇性努力是指断断续续地学习，就是我们俗话所说的"三天打鱼，两天晒网"。这种学习方法非常低效，家长通常都会经历以下几个阶段。

第一阶段：刚开始接触某门学科，家长和孩子都会比较感兴趣，而且信心满满，充满期待，下决心一定要学好，所以起初还算努力。

第二阶段：对这门学科的新鲜感消失了，初学时的兴趣渐渐磨没了。这时候孩子需要做一些枯燥的重复性的练习，甚至因为难度增加，还会遇到瓶颈。到了这个阶段，孩子和家长会找各种借口拖延，断断续续地努力。更有甚者，完全放弃了学习，想等到实在不能拖的时候再进行。

第三阶段：拖延到不能逃避这门学科的时候，比如孩子该上小学了，家长着急了，又打算带孩子重新开始努力学习。这时候，家长想把孩子交给老师，并天真地以为，只要跟着老师上课，孩子的成绩就能显著提高了。但孩子课后不复习，又成了一种间歇性努力，最后成绩依然进步缓慢。

这种断断续续努力的后果就是不断地从头再来，中途白白浪费很多时间。表面上付出了很长的时间，实际上都是在做低效的努力，成绩很难达到理想状态。

这就是为什么有的家长会说："我家孩子学了四年英语，还不如别人家孩子学了一年的效果好！"。这往往并不是因为别人家孩子比自家孩子聪明，而是因为别人家的孩子每天都在学，自家孩子每周只是间歇性学习。

每个人都逃不掉那条遗忘曲线，一定要做好课下的巩固复习，而不是把希望都寄托在老师身上。我们不可能学一次就能达到永久记忆，能永久保存的是电脑，不是人脑。

当我们决定开始学一门学科，学早了或者起步晚了都没关系，重要的是只要开始了，就别停下来。每天进行有效的练习，就一定能日日精进，直到学成。

9.4.3 使用西蒙学习法让课外学习质量更高

如何使用西蒙学习法助力课堂之外的学习？

1. 要持续学习，并学会科学地复习和预习。

"复习"两个字是老生常谈了，似乎每个人都知道它的重要性。孔子早在 2000 多年前就说过"学而时习之，不亦说乎""温故而知新，可以为师矣"。但还是有很多同学不愿意复习，或者只是盲目地复习。

为了让大家做好更高效的复习，脑科学家池谷裕二根据人脑的记忆规律和海马体的性质总结出了一个非常好的四次复习计划。

第 1 次复习：学习新知识后的第 2 天。

第 2 次复习：第 1 次复习的 1 周后。

第 3 次复习：第 2 次复习的 2 周后。

第 4 次复习：第 3 复习的 1 个月后。

这样复习四次后，大多数人都能做到永久记忆。另外，每天盲目复习旧知识，难免效率低，做好这四次复习后，可用节省出来的时间预习新知识。这样既能保证学习的新鲜感，也能提高整体的学习效率。

2. 按老师要求完成作业。

老师每次课后留的作业一定是当堂课的重点，一定要按时完成。有的作业可能是阅读或者朗读的作业，不一定是笔头作业。

有的学生只做笔头作业，忽视阅读作业，这对于语文和英语学习确实是一个很大的漏洞。对于老师布置的作业，大家只要认真做好，就一定能学得更扎实。

总之，持续性学习是十分重要的。这就要求我们，不仅要在课堂上认真听讲，也要利用好课堂之外的学习时间。始终保持学习的状态，我们会因此而受益终生。

9.5 是苦是乐：好好学习能让我们更快乐吗

9.5.1 从工地上重返校园

给大家讲一个真实的故事。

有个叛逆的男孩，他叫作小文。小文从小就不爱学习，非常淘气，学习成绩也非常差。父母管不了他，气急了就揍他一顿。

到了初中，小文经常逃学，天天和校外那些初中辍学的社会小青年一起去网吧打游戏、疯玩，甚至打架斗殴。

因为小文经常惹是生非，不论老师还是校长都拿小文没办法。无论老师如何给小文做思想工作，他都屡教不改，老师只好一次又一次地找小文的父母告状，小文的父母很无奈。

这个故事讲到这里，你可能会想起前文讲的那个"浑小子"圣地亚哥·拉蒙。但遗憾的是，小文的父母没有文化，不会像圣地亚哥的父亲那样引导他，不可能让他把疯玩的动力用到学术研究上。最后，小文初中还没毕业就辍学了。

小文的父母对他说："你可以不去上学，但是你不能整天泡在网吧里，你得出去找个事做。"小文自己也不知道该做点什么，于是，小文的父亲就把他托付给了一个在大城市里承包建筑工程的远房亲戚。

到了大城市，小文开始和工人们一起在工地上日复一日地干活，不再惹是生非。

小文身强力壮，干活不偷懒，亲戚对他很满意。换了新环境，小文也有了不少长进。在农村老家的父母知道小文能踏实干活，也很欣慰。

就这样，小文在工地上干了差不多一年。有一天，小文突然有了一些想法。起因是之前的工程完工了，亲戚带工人们又换了一个新工地。新工地和之前的工地一样，面积依然很小，要建的房子也只有几层。而离他们不远，就有一个大工地，在建高楼大厦。他羡慕那些盖高楼大厦的人，更羡慕那些盖高楼大厦的老板。

小文心想，我就算跟着亲戚努力干活，最后最多和他一样，承包这么小的一个工程，永远也干不了大工程。只有会画图纸、有能力、有知识、有学历、有管理能力，才有机会干大工程。

于是，他决定回家继续上初三。因为之前几乎没好好学习过，所以他用了一年的时间，恶补了初中三年的知识。后来他真的考上了高中，再后来又考上了一所名牌大学。现在，他在一家很有名的公司做高管。

每当小文回想那段重返校园的学习时光，都会说："那段时间说苦也苦，但我却体会到了那种前所未有的充实感和快乐。以前在网吧打游戏的时候，也感觉很快乐，但那种快乐总感觉不对劲，是空虚的。"

同学们，你们现在想想，小文为什么会选择放弃上学？后来他为什么又放弃了工地上的工作重返校园？

9.5.2 "苦"和"乐"能相互转化

小文不爱上学，甚至逃学、辍学是因为觉得学习太枯燥无味了。当时的他认为和同伴一起自由自在地奔跑、打游戏才更快乐。

后来，他去了工地工作，有了更高的理想，他想干大工程。于是他开始为了这个目标而奋斗，愿意重返学校去学习。这时候，

"学习"这件事和以前一样，可能仍旧是有点枯燥的，为什么他却觉得快乐了呢？

因为他带着梦想和目标做出了努力，而且还在这个过程中取得了成绩，这种努力和正面反馈把学习的"苦"转化成了"乐"。他甚至觉得这种快乐超越了和小伙伴一起玩的快乐，超越了在网吧打游戏时那种一时的快乐和刺激。

通过小文的亲身经历我们可以知道，"苦"和"乐"都不是绝对的，"苦"有时候能转化成"乐"，"乐"也会转化成"苦"。

9.5.3 什么样的快乐才是真正的快乐

同学们，现在我们来讨论一下什么样的快乐才是真正的快乐。

想玩手机的时候就玩手机，是真正的快乐吗？想打游戏的时候就打游戏，是真正的快乐吗？不想学习的时候就不学习，是真正的快乐吗？

以上列举的这些"快乐"是真正的快乐吗？这种所谓的自由自在的"快乐"听起来很好，但实质上我们被手机控制着，被游戏操纵着，被游戏的设计者牵着鼻子走。

反过来说，如果我们能相对主动地克制自己玩手机、打游戏等诸多欲望，去获得学习力、专注力、意志力、知识、学识或者是一些常人不能获得的小成就，反而能获得一种不一样的快乐。就像前面小文所说，这样的快乐更充实、更有意义。

大家刷手机、看视频、打游戏，也挺快乐的。但这是很容易获得的快乐，也是相对低级的快乐。还有一种快乐，是通过不断地学习，挑战自我，从而获得好成绩的快乐。这种快乐会促使我们对努力上瘾、对学习上瘾，从而形成一个正向循环。

当我们走向学习的正向循环，内驱力也会因此被激发出来，我们会发现自己终究是更热爱学习。所以，我们无论如何都要体验一把压制欲望而得到高级快乐的过程。比如，学习的时候，遇到了瓶颈，咬咬牙努力克服，再多坚持一下，直到我们尝到战胜困难的甜头。否则，我们可能永远都会沉迷于低级快乐。并且还可能不理解为什么那些学霸如此努力。

总之，没有体会过那种学习的快乐的同学，一定要好好体验一次认真学习、主动学习的快乐，这样的学习生涯才更完美！

第10章 警惕：别用无效学习法

10.1　学而不思：有人只管学习，很少思考策略

10.1.1　中等生的困境："盲学"

李子墨今年上初二，学习成绩在班里算是中等。他每天都过着看似忙碌，实则没有什么主动权的学习生活。

为什么说子墨没有学习的主动权？我们先来看看上学日，子墨是如何度过一天的。

早上 7 点左右，子墨匆匆忙忙起床，随便扒拉几口饭，然后骑自行车去学校上学。到了学校，他按部就班地上课。晚上回到家，他按老师的要求完成作业，就这样过完了一天。

有的同学会说，这不是很充实的一天吗？但事实并非如此，我们再来看看以下三种情景。

情景 1：上课的时候，子墨很少做笔记，但是书上标记的到处都是重点。

标记重点是好事，但是标记太多重点反而不知道哪里是重点了。随便打开子墨的某本课本，你会发现到处都是横线标记，这些标记很可能让大脑误认为他已经记住了这些知识。但实际上，子墨只是上课听过一遍，根本没记住，而且他课后从不复习，更别说使用科学的学习方法了。

情景 2：虽然子墨每天都能按时完成老师留的作业，但是他并不认真。

如果不能认真地对待作业，不能从中查漏补缺，找到自己的学习的漏洞所在，只是为了完成任务，作业的作用也会大打折扣。为了应付老师交差的作业相当于浪费时间白做。在做作业的过程中，发现学习的盲区，及时回顾课本，整理习题，做好强化练习，才算是有效地做作业。

情景 3：子墨有点偏科，但他不重视。

子墨的数理化成绩是比较好的，这几科的考试成绩都在 90 分以上。但是语文、英语这两门学科大概只能考 80 分。因此，在课后，子墨应该重点针对英语和语文这两门学科做好练习。偏科是大多数中等生没办法进入优秀生行列的主要原因，如果不做重点的规划，很难突破。

以上三种情景，是不是会引起很多同学的共鸣呢？很多同学认为，好好上课，完成作业就是一个学生"最大的努力"了。事实上，这只是在"盲学"。

10.1.2　西蒙：学会集中学习的策略

再给大家讲讲初二学生张珊珊的故事。虽然张珊珊和李子墨的学习起点几乎相同，初一入学的时候都属于中等生，但进入初二后，张珊珊已经逆袭成了学霸。

是张珊珊比李子墨更聪明吗？当然不是。与其说她聪明，不如说她的方法高明，她在学习的时候很好地使用了西蒙学习法里"集中学习"的策略。我们来看看张珊珊的三个学习场景，对比李子墨，你会发现其中的秘诀。

情景 1：上课前，珊珊都会提前做好预习，带着问题听课。

上课时老师把知识点讲明白了，她会及时做好笔记。如果上课时老师讲的知识点还有听不明白的，张珊珊就会利用课间请教学霸同学或者去办公室请教老师，直到把问题学明白为止。

情景2：珊珊会做作业分类。

写作业的时候，珊珊知道哪些作业是必做的，哪些作业可以不做。比如，有的英语作业是听、读作业，因为她的英语成绩一直比较好，算是她的优势学科，所以她就不再浪费时间做听读训练。

在做必做作业的时候，珊珊会通过做作业找到问题点。例如，某道数学题卡壳了，她不会像别的同学一样急着去搜答案，而是找出课本来，重新梳理原理，然后再做题，等做完了再把它记到改错本里。

情景3：珊珊使用西蒙学习法集中学习不擅长的学科。

因为珊珊的数学、物理、语文成绩一直不理想，平均分在80分左右。只要这几科能考90分以上，总成绩就一定能提高。

但是想把这三门弱势学科同时提高到90分是不现实的。因为初中生的课余时间有限，所以张珊珊就决定使用她之前了解到的西蒙学习法，打算先集中学好一门学科，再逐个学好另外两门学科。

语文对于张珊珊来说，算是比较容易的学科，所以她选择了优先学好语文。

每天放学做完必做作业，她就专门花1～2小时学习语文。为此她制订了详细的学习任务，例如，课后做好预习和复习，背诵古诗词、文言文，总结阅读理解的题型，积累好词好句，学会写文章，分析试卷……功夫不负有心人，初一上学期结束的时候，她的语文成绩考了96分，是全班第一名。

因为尝到了西蒙学习法里"集中学习"的策略的甜头。张珊珊一鼓作气，利用暑假不到两个月的时间自学了下学期的数学和物理。等到过完暑假开学后，她的数学、物理成绩也赶上了同班的数学、物理学霸。

现在的张珊珊上初二,已经是班里各科的学霸了,考试总成绩稳定在班级前三名。

细心的同学肯定可以发现,如果当初张珊珊不会使用西蒙学习法里"集中学习"的策略,那她一定不能逆袭成综合学霸。任何人都不是超人,不可能同时把所有学科都学好。聪明的学生都是先集中力量学好一门学科,一通百通,再逐渐把各门学科都学好。

10.1.3 如何掌握学习的主动权

据我观察,很多同学都像子墨一样,看似还算努力,每天正常上学,按要求完成作业,但是他们的成绩却毫无起色,永远都是不好不坏。

子墨这样被动听课、被动完成作业的状态很像"当一天和尚撞一天钟"。这种学习状态是消极的,很难取得优异成绩。一个拥有好的学习状态的学生应该像张珊珊一样,能够掌握学习的主动权,有方法、有策略地解决学习困境。

怎样做才算掌握学习的主动权呢?我总结了"四个主动"供大家参考。

1. 主动克服困境。

每天"上学听课"和"放学做作业"这两件事似乎成了所有学生的"主旋律"。

有很多次,我对一些同学说:"你现在的发音语调不够好,课下需要每天多做听读练习,不能只依赖我给你讲课"。他们都会出奇一致地回答我:"老师,我没时间,每天有很多作业要做!"

有些同学似乎成了"作业机器",每天只知道写作业,认为"写作业"就是学生的唯一一条正道。

当然了,我并不是否认写作业的重要性。假设我们某门学科明明成绩很不如意，但不去主攻它，反而忙着完成一堆对提高该科目没有用的作业。甚至把这堆作业当成借口，去逃避应该做的事，这就是本末倒置了。

所以，如果你现在还在"盲学"，请你先停下来思考，做作业到底是为了什么？这份作业到底适不适合自己？你对自己的成绩满意吗？如果不满意，你应该怎样做才能成为学霸？

大家可以像张珊珊一样，积极主动地克服学习困境，只要方法对、肯实践，成为学霸并不难。

2. 主动使用好的学习方法。

好的学习方法事半功倍，前面已经讲过很多简单易行的学习方法了，例如，费曼学习法、"SQ3R"阅读法、番茄工作法、思维导图法、5R笔记法，还有贯穿整本书的西蒙学习法。

这些方法都是最基本的学习方法，很多同学都能说出其中的一些原理，但是真正去实践这些学习法的同学并不多。

因此，要像张珊珊一样，了解了西蒙学习法的原理之后，就去使用它。

3. 主动做好学习计划。

能分清轻重缓急、抓住学习的重点、做好学习计划，才能掌握学习的主动权。

前文我们说的子墨，就是只会做作业，"眉毛胡子一把抓"，最后好的科目还是好，不好的科目还是没有起色，无法突破"中等生"的困境。如果他能像张珊珊一样，主动做好学习计划、抓住重点，把更多的时间放在英语和语文这两个科目上，相信他的总成绩会很快提高。

4. 主动查漏补缺。

不知道从什么时候开始，很多同学养成了上网搜答案的习惯。

这些同学往往看完答案就觉得胸有成竹,以为自己都会了。

其实,真正有效的学习是靠自己一步步去研究,解出答案。在遇到不会的练习题的时候,我们不妨像张珊珊一样,回到课本里,弄清楚基本原理再去做题。这些难倒我们的题,往往都是我们学习上的漏洞,一定要把它们记在改错本上,经常复习。

10.2　急于求成:"快"未必是件好事

10.2.1　"不安分"的家长

某天,我收到来自晓晨妈妈这样一条微信:"老师,我们孩子的英语学不下去了,晓晨说他讨厌学英语。"我能感觉到,晓晨妈妈十分焦虑。

晓晨三年级才开始学英语,启蒙算是比较晚的。所以,我给他制订了赶超计划,第一年我们侧重大量听说读,一年读了 400 多本绘本和 20 多本章节书。通过阅读,晓晨进步很快,学英语两个月就逆袭成了班里的英语学霸。

这一年,除了阅读,我们还做了一些其他方面的努力。比如,利用好寒暑假的时间提前预习英语教材和刷题。晓晨执行力也非常强,每天都按照我的规划有条不紊地学习。

通过一年的努力,晓晨拿了很多英语比赛大奖,而且英语考试次次都是满分或者接近满分。每次晓晨得了证书或者高分都让妈妈拍照片给我看,非常有成就感。这样一个开朗又自信的孩子,怎么会突然讨厌学英语呢?

我知道事出必有因,通过这么多年和家长打交道的经验,我已经猜到,很有可能是晓晨妈妈把孩子逼得太紧了。

详细地问了问晓晨最近的学习情况，果然不出我所料。

因为亲眼见证了晓晨通过科学的方法从零基础逆袭成英语学霸，晓晨妈妈非常受鼓舞。她在陪读过程中，也学到了很多具体的学习方法。因为有些方法是通用的，于是她把这些方法也用到了数学和语文上，又开始带晓晨学习数学和语文。

在这之前的一年，晓晨放学后除了做学校里的作业，就只是学英语。现在，他除了做作业，还要额外学妈妈布置的数学、语文作业，作业量是之前的三倍。他从放学一直学到晚上 10 点，完全没有休息的时间。

晓晨被压得喘不过气来，所以什么都不想学了。晓晨妈妈说他讨厌英语，其实并不是孩子真的讨厌英语，而是突如其来剧增的作业量，让他厌学了。

这是一个"过犹不及"的例子。同一时间给孩子的压力太大，孩子反而厌学，影响学习进度，不利于长期坚持。

我把道理和晓晨妈妈讲清楚后，帮她调整了策略。

第一，现在晓晨的英语已经学得很好了，不必再像以前那样花费同样的时间学英语。可以减少学英语的时间，把时间多留给语文和数学。

第二，先侧重学习数学和语文其中的一门。等一门学好了，再主攻另一门。

第三，每天给孩子一定的自主时间用于休息放松，或者让孩子看自己喜欢的书。

这样调整后，晓晨果然很快就又恢复了热爱学习的状态。

10.2.2　西蒙学习法的另一面

我遇到过不少类似的"不安分"的家长。家长在带孩子学习的时候，急于求成，一味追求速度，忽略了孩子的心理状态。孩子不仅没有提高学习成绩，反而厌学退步了。

在这里，我还要提一下"速学"。西蒙学习法本身就是速学方法，它告诉我们，六个月能学会一门新知识。但大家千万别忘了，要想六个月成功学会一门知识是有一个大的前提条件的，就是这六个月只学这一门知识，而且要求学习的人有极强的主动性。

但是，孩子并不具备六个月只学一门知识的条件，更不可能时刻都能有主动性。因此，在带孩子学习时，家长要根据孩子具体的学习能力和心理状态做好学习规划。

我们可以把"六个月"改成"每天固定时间学习，坚持积累，聚沙成塔，关注孩子内在学习状态，直到学成"。

10.3 本末倒置：忽视课本的基础原理

10.3.1 越努力，成绩却越差

王源放学后的时间和周末的时间被妈妈安排得满满当当的，几乎一直在学习。讲到这里，你肯定以为王源是个努力上进，成绩优异的学霸。但很遗憾地告诉你，事实并非如此！

先来看看王源上学期的期末成绩单：数学 85 分、语文 79 分、英语 75 分。三大主科里，没有一科是优秀的。

我们再来看看王源的学习状态。

1. 数学课本上的内容学得一知半解，练习题还没做够，却还要花时间学奥数。

2. 中文阅读量不够，很多字词不会写、不会用，课本上的基础知识也没学扎实，还要花时间拓展学习。

3. 英语课本上的句子还读不熟练，很多单词也不会背，却又在学另一套英语教材。

看似王源每天都按照妈妈的要求学习，实际上，他努力的方向错了，课本上最基础的知识和原理还没学扎实，就盲目地拓展学习，结果是越努力，成绩越差。

王源这样学下去不仅浪费了宝贵的时间，还会导致学不好课本内容。因为成绩不好，没有正面反馈，王源觉得努力都白费了，还因此厌学。

10.3.2　练好基本功很简单

很多同学都像王源一样，课本上的基本原理还没学牢固，就开始学一些偏题、难题。这就好比还没学会走路，就开始学跑步了，能跑得稳吗？

现在我们给王源改变一下学习策略。

1. 吃透课本基础知识。

先把大部分时间和精力放到学习课本基础原理上。例如，语文书上的词句要会写，要能熟练使用，该背诵的内容要背得滚瓜烂熟。要保证能熟练阅读英语书上的课文，把单词背会。要把数学课本上的公式和例题搞明白。

2. 做好课内同步练习册。

学课本上的基础原理不能只停留在"看"和"背"。很多同学是"一看就会，一用就废"，这说明没有做好练习题，并不算是真的掌握了课本上的知识。需要反复使用这些基础知识，才能熟练掌握。所以，做配套的练习册是必不可少的。前面我们讲过，只有做好练习题，才能在大脑里形成"组块"。考试的时候，就能从已有的"组块"里熟练提取信息。

3. 熟练掌握课内基础知识后再进行课外拓展。

集中时间和精力把以上两个步骤做好了，再抽出时间进行其他课外拓展。

大家一定要明白，额外的拓展学习是"锦上添花"。考试中的偏题和难题并不多，我们先把基础题做好，练好基本功，然后再拓展学习，效果会更好。

学校里的课本，就好像是我们的游泳教练，不能忽视它的重要性。还没学好课本，就不要急着往游泳池里跳，先把基本功练扎实了，我们才有能力在游泳池里畅游。

10.4　莫忘初心：你的主题是学习

10.4.1　跑题

张小雨今年上五年级，他和李一帆是好朋友。他们俩住在同一个小区，小时候上的是同一个幼儿园。上了小学以后，两人又被分到了同一个班。

随着张小雨慢慢长大，小雨妈妈觉得孩子的功课不再需要自己辅导了。一是因为孩子的功课越来越难，她也帮不了孩子什么忙。二是孩子越大也越不爱听自己的话。

于是，小雨妈妈找一帆妈妈商量，建议以后放学让两个孩子一起结伴学习，一起写作业、温习功课。遇到不会的题，两个孩子可以相互讲解，都不会的题再问家长或者老师。两个孩子还可以在学习上互帮互助，互相鼓励，比着学。既锻炼孩子独立学习的能力，也锻炼他们团队协作的能力。

一帆妈妈一听，认为这个主意很好，当即同意。两位妈妈约定好，以后两个孩子放学后轮流去每家一周，这周去小雨家，下周去一帆家。两个孩子一起学习的计划就这样定下来了。

第一周，一帆放学后先和小雨一起回家。到了家，两个人吃完饭，就去小雨房间写作业了。

刚开始，小雨和一帆比着写作业，两个人状态都很好，屋里安静得只剩写字的声音和翻书声。可是，过了一会儿，作业还没写完，两个人就开始嘀咕起来，一会儿聊起今天班上发生的事，一会儿又说起哪科作业多了，一会儿又斗起嘴来。不一会儿，嘀嘀咕咕又转成了哈哈大笑。直到小雨妈妈敲门提醒他们："要认真写作业，不要聊天。"两个孩子才安静下来。

第一天，两个孩子写作业比平常都多花了半小时。

小雨妈妈本想让两个孩子一起学习，提高学习效率。没想到，不仅没提高效率，反而还降低了效率，这让她很郁闷。她给两个孩子做了思想工作，还立了规矩。

但是接下来的几天，小雨和一帆在一起学习的效率还是不高，和第一天情况差不多，总是忍不住闲聊。

最后，两位妈妈只好放弃了让孩子结伴学习的计划。

10.4.2　是在学习还是在闲聊

据我观察，很多同学在结伴学习的时候都有过像小雨和一帆一样的情况。好朋友在一起互相讲题或者把学过的知识重新交流一遍，本来是很好的进步机会，最后却把"讨论学习问题"变成了"闲聊"。同学们，以下场景你熟悉吗？

场景一：上课时，老师讲了一个重要的知识点。你故意岔开话题，和同桌或者身边同学打趣、开玩笑。你聊得很开心，却忘了老师讲的知识点。

场景二：课间，你本来想请教同学一道数学题，却聊起了"放学后打算做什么"的话题。等到下节课铃声响起，你才突然想起来，这道数学题自己还不会做呢！

类似的场景还有很多，这都是学习时不够聚焦，最后学"跑题"的表现。

学习要有目标、有重点。如果我们已经知道自己的目标和重点是什么，就应该在关键时刻克制自己，朝着目标前进。

如果我们上课的小目标是认真听讲，那就不应该和身边的同学闲谈打趣。如果我们课间的目标是弄明白一道数学题，那就要集中精力把这道题问清楚，然后再和同学聊别的事情。

千万不要在学习的时候"跑题"。跑偏了，时间就白白浪费了。

10.5　自我否定：自责的杀伤力很大

10.5.1　"都是我的错"

莎莎今年上高一，最近她遇到了大麻烦，几次月考成绩都不理想，而且成绩呈现连续下降的趋势。

莎莎最近的口头禅都是"我考不好了""我学不会了""唉，都是我的错"诸如此类的丧气话。其实，莎莎上初中的时候学习非常好。她考上了本市最好的高中，还被分进了一个"培优班"，班里的同学都是学习高手。

令人没想到的是，进入高中后的第一次月考，莎莎就考砸了，一些本该做对的题目也做错了，她也因此非常自责。

后来几次月考，莎莎的成绩考得一次比一次差，莎莎感觉很郁闷，学习状态也越来越差。现在不论学什么，莎莎总是担心自己学不好。但越这么想，就越学不好，陷入了一种恶性循环的怪圈。

10.5.2　不要轻易否定自己

仔细分析，我们能发现，莎莎进入高中后第一次月考没考好，是有很多原因的。

首先，进入高中以后，莎莎换了新环境，班里都是学习高手，竞争压力比初中增大了。

其次，在考试前，莎莎没做好应考的准备，不熟悉高中各学科的题型。

其实这一次考试失败对于莎莎来说根本不算什么。但就是因为莎莎太在乎这一次考试的输赢了，总是自我否定，而不是总结经验教训，积极地学习和备考，导致后面几次月考接连失利，影响了自己的信心。

在学习上，能够认识到自己的不足之处，并且加以改正是件好事。但是像莎莎一样，总是自责，认为自己做得不好，学得不好，陷入一种自怨自艾的情绪中就不对了。如果总是自我否定，就会把本该用在学习上的专注力用在抱怨上，成绩当然会受影响。

萨尔茨堡大学在 2014 年曾经做过一项关于"自责"与"专注力"的实验。他们让实验者报告他们自责的频率，然后用磁共振成像数据记录他们的大脑。最后的结果是：自责次数越多的人，大脑的专注力就会下降得越厉害。

前文第五章我们专门讲过，提高专注力是个难题。当时我们提到过专注力是多么稀有又宝贵的资源，它甚至决定着我们学习的竞争力。我们想了各种办法帮助大脑提高专注力，但是没想到专注力如此脆弱。

同学们，现在你们知道自责的杀伤力有多大了吧？所以，以后不要轻易否定自己。

10.5.3 三种扭转消极思维的方法

很多同学在学习上遇到困难或者一两次失败的考试，就开始像莎莎一样否定自己，总是说"我不行"，这样消极的思维方式对我们的学习是一点好处都没有的。

那么，遇到莎莎这种情况，我们怎样才能扭转"自我否定"的消极心态呢？接下来我将教大家三种简单又好用的方法，帮助大家快速改变消极思维、树立积极乐观心态。

第一，寻求帮助。

找一个我们最信任的人，向他倾诉，并寻求建议。我们最信任的这个人可以是我们的老师、亲人或者好朋友。

在对我们最信任的人倾诉遇到的困难时，他们一定会选择理解我们、鼓励我们。俗话说得好，"当局者迷，旁观者清"，他们还会给我们具体的解决问题的建议。

事后，回想一下我们最信任的人给出的具体建议，把这些建议写出来，记录在日记本上。然后，按照这些建议开始采取行动，积极地解决问题。

这样做的好处是：我们不仅能从最信任的人那里得到鼓励和力量，还会找出具体的解决问题的办法，从而就又有了战胜困难的勇气。

如果莎莎在第一次月考失败后，能够及时找到老师、家人，或者朋友，倾诉她在新学校里遇到的困难，就不会再把关注点放在"我不行""我学不会"的消极情绪上面了。她会从朋友或者老师那里学到更好的学习方法，重拾信心，从而越学越好，后面几次月考失利的可能性就会大大降低。

第二,五分钟接纳法。

当我们感到情绪很低落的时候,不妨给自己设置一个五分钟闹钟,接纳自己的负面情绪。五分钟之内,我们任由这些负面情绪在大脑里产生,然后直视这些情绪,静静观察它们。五分钟以后,就停止再想这些负面情绪。五分钟接纳法需要经常练习。等我们观察的次数多了,会神奇地发现:这些令人难过的困难也不算什么,我们就会停止难过!

第三,转移注意力法。

在遇到困境的时候,发现自己陷入了负面情绪,还可以通过转移注意力来调整心态。

当我们经历失败的打击之后,对自己不满,想要抱怨的时候,赶紧去尝试学一些新的学科或者学习方法,也可以做一些自己擅长或者喜欢的事,又或者去完成一些容易做成功的小任务。

比如,莎莎在连续几次月考失利的时候,她很自责,没有信心,这时候她可以学一些新的学习方法。有了新的学习方法就有了新技能,这样就会增强自身学习的信心和抗挫能力。

第11章

考试：应试是一门学问

11.1 认识考试：考试的真相

11.1.1 害怕考试 VS 喜欢考试

别看李昂看起来性格开朗、大大咧咧的，其实他非常害怕考试。小学的考试内容比较简单，所以那时候李昂还不怎么害怕考试。真正害怕考试是从初二的一次模拟考试开始的。

那次模拟考试，李昂成绩严重下滑，从班级的前五名跌落到中等，从此他就一蹶不振了，越来越没心情学习。越没心情好好学，就越对考试没信心，越没信心就会导致他更害怕考试。

每次考试前几天，他都很紧张，吃不好饭，睡不好觉，复习的时候注意力很难集中，总感觉自己的脑子不清醒，复习效果也不好。

与李昂同学相反，王莹莹却很喜欢考试。她平时学习很踏实，基本功扎实，考前还积极备考。在她看来，考试是一件好事。每次考试时，把试卷答完的那种成就感让她非常满足，非常解压。就好像自己的十八般武艺终于有施展之地了。

11.1.2 为什么会害怕考试

同样是学生，为什么有的同学害怕考试，有的同学喜欢考试呢？我们把李昂当做例子，来分析一下那些害怕考试的同学究竟为什么会害怕考试。

1. 因为一次失败就有了心理阴影。

李昂是在一次考试失败后才开始恐惧考试的。偶尔考得不好，很正常，要调节好心态，更要学会接纳现实，没有人可以保证自己的成绩永远都是优秀的。考试成绩不理想，正好让我们及时查漏补缺，知道哪里不足，勤加练习。

2. 总是和别的同学作比较。

很多同学把考试当成了一个"竞争工具"。他们争强好胜，喜欢和同学作比较，认为分数比别的同学低就会很"丢脸"，所以害怕考试。

这样想就大错特错了，分数比别人低只能说明我们做的努力还不够，并不代表我们的学习能力就比别人差。

3. 平时基本功不扎实，对考试没有自信。

那些平时不怎么努力学习的同学，对考试没有信心，所以才会更加恐惧考试。因此，同学们一定要在平时多花时间认真学习，这样才能临考不乱。

11.1.3 学会爱上考试

我在上学的时候听到过一句调侃考试的话——"要想摧毁一本书，就把它列入考试范围"。这句话说明，很多同学都害怕考试或者讨厌考试。

比如，有的同学很喜欢历史，喜欢看历史类的书籍，可是让他去做历史题，他就开始讨厌历史、讨厌考试了。还有一些同学，像李昂一样对考试有恐惧感，就好像考试是他们的"天敌"。

那么我们如何消除这种恐惧感呢？一定要先了解考试到底是什么。等我们能直面思考考试的时候，就会觉得它一点也不可怕，甚至还会喜欢上它。

以下是我给大家总结的一些新的思考角度。试试转换思维看待考试，我们也许会越来越喜欢考试。

第一，把考试当做查漏补缺的机会。

有时候，考完试看到考卷上的错题，我们才会恍然大悟，原来有些知识我们并不是真的掌握了，原来我们还有很多学得不扎实的地方。

所以，请大家把考试当成一次查漏补缺的机会。借着考卷上的错题，找出自己不足的地方，勤加练习，下次考试就能有所改善，离好成绩就会又进一步。

第二，把考试当做一种学习经历。

考试本身就是一种很棒的学习经历。在陪女儿参加英语竞赛的过程中，我发现她的英语能力提高得非常快。那时候迫于竞赛压力，她每天都会主动多学一小时的英语。准备考试的那段时间，她的口语表达能力、阅读能力都飞速提高了。

毋庸置疑，每个同学在准备考试的过程中都能学到更多的知识，每次考试的过程都是很好的学习经历。

脑科学家也通过研究证实，适当的压力能促进学习能力的提高。考试带来的压力会激励同学们不断努力学习、积极备考，知识储备量也会随之增加，甚至一些潜力也因此被激发出来了。这就是考试带来的好处。

第三，对症下药，直面焦虑。

如果我们很害怕考试，就不要当逃兵。直面焦虑和恐惧，分析害怕考试的原因，然后再破除心理障碍。

有一个学生曾经跟我抱怨说："我讨厌考试。"

我问他："你有没有想过为什么讨厌考试？你没有想过考试其实很有意思，有很多同学喜欢考试？"

他听到我的话愣住了："从来就没有想过这个问题。"

想了很久，他又说："可能是因为平时学得不扎实，所以才怕考试暴露自己的问题。"

我对他说："既然现在知道了原因，那就平时下功夫，用心学习，这样即使是考不好，也没什么遗憾的了。"

他点了点头，若有所思。

其实考试是个"纸老虎"，很多同学被它吓住了。用积极的态度面对它，你会发现考试只是帮助我们进步的测试，更是我们学习当中宝贵的经历。

我很喜欢《考试脑科学》里一位同学说的一句话："我很喜欢考试，因为它可以清楚地证明我曾经努力过。"

11.2 考前必做：不打无准备之仗

11.2.1 做好 12 件事就能考出好成绩

同学们，还记得前文我们讲的 IF 计划法吗？这次我们来做一个考取好成绩的计划。如果我们想要考到好成绩，那就做好以下我讲的 12 件事。在此，我向大家保证：如果能做好这 12 件事，就肯定能取得好成绩。

这 12 件事并不是关于投机取巧、如何考满分的方法，主要是总结前文我们讲过的各种有效的学习方法。"不积跬步，无以至千里"，面对选拔性考试，例如小升初考试、中考、高考等这样重量级的考试，我们不能靠技巧去赌，应该靠平时的积累和学习。

1. 学会选择性、持续性学习。

每个阶段都要有重点学习的科目，我们可以在不擅长的科目上使用"逆努力法则",迎难而上,持续性学习,直到把不理解的知识吃透。

西蒙学习法里最重要的原则是"持续加热"原则,我们一定要将它牢记于心,只要每天持续性学习,多么难的学科都能学好。

2. **设立学习目标**。

我们可以参考 SMART 目标法,建立清晰的学习目标,知道自己要学到什么程度,并能积极主动地学习。

3. **学会时间管理**。

我们可以用 ABC 时间管理法管理学习任务,有条不紊地做好计划内的事,让每天都过得充实又有意义。

4. **会听课,会做笔记和思维导图**。

我们可以用好 5R 笔记法和思维导图法,将重点知识梳理到笔记本上。上课时,我们特别要注意管理自己的"专注力",尽量做到不走神、不分心。专注力是我们的重要的学习资产。

5. **学会记忆方法**。

前文讲了很多记忆技巧,我们可以结合不同的学习情境进行记忆。不要死记硬背,而是要刻意练习记忆技巧,从而提高知识储备量。

6. **熟练掌握番茄工作法**。

想让自己在有限的时间里高质量地完成学习任务,我们就要学会熟练地使用番茄工作法。熟练到每天回家坐到书桌前学习的时候,我们都第一时间把番茄钟拿出来。这样做能让我们保持高度的专注。

7. **大部分时间都要想着学习**。

还记得前面讲过的浸泡式学习法吗?我们要有意识地把自己浸泡在知识的海洋里,在任何场合都可以想着学习这件事。

例如，学习地理知识时，我们能知道自己身处的地区属于什么地带。吃饭时，可以研究食物是发生了哪些物理变化和化学变化。看到小区里的植物，能用生物学知识把它们的特点讲述出来。学习英语时，在家中用英语和家人交流，解决口语问题。当我们在洗澡或等公交车时都想着学习这件事的时候，好成绩就离我们不远了。

8. 用四次复习法做好复习。

闭环学习法是指做好预习、听课、复习三个环节。这三个环节能否执行到位，直接决定了我们的学习质量。复习这个环节值得单独拿出来再强调一次。前文讲过的四次复习法非常重要。在正确的时间节点做好四次复习，我们能达到长久记忆。

上课学过的知识、自学的知识、做过的错题、笔记，都需要我们主动复习四次。

9. 会使用发散思维。

在一段时间内专注学习后，记得交叉使用发散思维。我们可以通过做体育锻炼或者听音乐让大脑休息一下，这样不仅有利于我们解决怎么都想不明白的难题，还能激发出很多意想不到的创意。这个环节我们可以理解成"劳逸结合"地学习。

10. 先学好课本上的基础原理，再做拓展性学习。

不是所有的同学都有余力去做拓展性学习。我们要先把精力放在课本和配套练习册上，把这些内容熟练掌握后，再去拓展研究更高一级的内容，甚至是偏题和难题。

11. 遇到不懂的问题多请教老师和同学，能把学过的知识用自己的话讲出来。

遇到不懂的问题千万不要轻易放过。多和同学、老师讨论我们遇到的难点，这样我们的思路会更加清晰。

如果我们能习惯性地把所学到知识用自己的话讲出来，那就说明我们已经真正掌握了这些知识。

12. 保证充足的睡眠。

前文讲过睡眠对大脑和记忆力的重要性，所以我们一定要重视睡眠。如果我们想要保持良好的学习状态，想拥有一颗清醒的大脑去思考问题，就一定要保证充足的睡眠，有良好的作息规律。

很多中学生家长和我吐槽孩子晚上很喜欢熬夜。有的孩子晚上会熬夜学习，有的孩子则是偷偷玩手机、玩游戏。无论是熬夜玩还是熬夜学习，对长期的学习来说都是有害无利的。

11.2.2　如果你真的需要临阵磨枪

中国有句老话叫做"临阵磨枪，不快也光"，有些同学也很喜欢临时抱佛脚。虽然我更提倡把功夫用在平时，但如果有同学很想临阵磨一下枪，我还是有一些科学的方法，帮助他在考试中超常发挥。

1. 调整生物钟。

科学家已经证实，生物节律确实存在。例如昼夜节律，有的同学最好的学习状态在白天，有的同学则相反，他们认为晚上夜深人静的时候学习效率更高。

我们如果在生物节律处于高峰期时，也就是身体和大脑处于最佳状态的时候参加考试，就更容易取得好成绩。

遗憾的是，所有的考试都在白天，这对于那些喜欢熬夜学习的同学来说不是个好消息。

因此，为了适应考试，我们必须在考前调整好生物钟，把最佳的学习状态调整到白天。

如果我们习惯熬夜学习，晚上大脑清醒，白天却总是处于迷糊状态，考试的时候，真正的实力就很有可能发挥不出来。任何人都希望考试能超常发挥、灵感乍现，它的前提就是大脑清醒。所以，如果我们是夜猫子类型的学习者，现在开始调整生物钟，把我们的最佳学习状态调整到白天。

在调整生物钟的时候，需要特别注意周末的白天时间。有的同学周一到周五需要早起上学，起得很早，但是到了周末就作息不规律了。有的同学周五晚上会熬夜学习或者做其他的事，第二天周六就会睡懒觉，甚至一觉睡到中午。等到了下周一需要早起上学的时候，起床就会非常困难，恨不得需要千吨的意志力。这种不规律的作息其实是在破坏生物钟。除了生病等特殊情况外，我们应当尽量做到每天保持早起早睡的作息。

2. 考试前一天晚上复习。

前文讲过，人脑的记忆黄金期是在睡觉前的 1～2 小时。比如，我们每天晚上都是 9 点睡觉，那就一定要在临考前一天晚上 7～9 点认真复习。这是临阵磨枪的黄金时段，复习完就赶紧睡觉，这样就能把复习的知识点记牢，至少第二天考试的时候是不容易忘记的。

3. 有重点地进行复习。

临考前一天晚上要在黄金时段复习。那么，需要复习什么内容呢？

首先，要复习错题本。例如，第二天要考数学和语文，一定要把数学错题本和语文错题本上的题快速地复习一遍。我们总是很容易陷入"同一个误区"，保证曾经犯过的错误不再犯，对于考试来说，是非常重要的环节。

其次，重点复习笔记。笔记上记的都是学习重点，我们可以把这些知识重点复习一遍，并且在复习要点的时候，有意识地回忆一些和要点相关的细节。如果我们发现有些细节已经回忆不起来了，那就是找到了盲区，这时候马上去翻课本，再去把盲区复习一遍。

最后，看一遍课本目录。在复习前，除了要复习错题本和笔记本外，还要看一遍课本目录。当然，有些喜欢临阵磨枪的同学可能根本就没有错题本或者笔记本。

例如，第二天要考历史，拿出历史课本来，翻到目录页，看每个标题，并且回忆标题下面的知识点。如果有的标题下面的具体知识点我们已经回忆不起来了，这些知识点就是我们要重点复习的。

11.3 关于刷题：题海战术有用吗？

11.3.1 啊，这么多试卷

李清清今年上六年级，因为感冒，她请假一周在家养病，没去上学。

等她再回到学校上课时，她有点崩溃了。

桌子上堆了一大摞试卷。五天没来上课，就积攒了这么多试卷！这还没算上"妈妈牌作业"，家里妈妈给她买的试卷也还有很多没做。

清清在班里是个学霸，她的每门功课几乎都是满分。她很严肃地问了我一个问题："老师，您觉得我们做这么多试卷，有用吗？"

我是这样回答清清的问题的：

"对某些同学来说，多做题是有用的，可以扩大他们的知识面，做题越多，越能查漏补缺，找到自身的不足，然后再加以改正，这样考试成绩就会越来越好。"

"但是，对于你来说，做太多题是没必要的，因为你的基础知识扎实，每次考试几乎都是满分。你可以少做点题，多去拓展学习一些其他的内容。"

11.3.2　不是每个人都适合题海战术

题海战术指的是通过大量做题，提高考试成绩。这些年来，很多人都鄙视题海战术，他们认为大量做题会让同学们成为"做题机器"，不符合素质教育的宗旨。

还有一些人为题海战术正名，他们认为就应该多做题，量变引起质变，多做题总会引起质变。

其实，双方的观点都有道理。但是要不要使用题海战术，还是需要具体到每个同学身上。

有些同学，成绩已经很好了，就不应该重复做已经会做的题，否则就是在浪费自己的时间。这样的同学大多悟性比较高，做一两套试题就能融会贯通，即使不使用题海战术也能取得好成绩。

而那些平常成绩不够好的同学确实需要多刷题。有些同学虽然自认为平常学得很好，但是一考试就发挥不好，得不到高分。大概率是因为他们不熟悉考试题型，或者对某些题型题练习得不够熟练。这样的同学应该大量做题，题做多了，就能像卖油翁一样"唯手熟尔"。

11.3.3　高质量刷题的方法

既然讲到了刷题，我要给大家讲两个高质量刷题的方法。这两个方法是我上学的时候常用的刷题技巧。我曾经靠这两个技巧，短时间内高分通过了一些选拔性考试。后来，我把这两个技巧教给了很多学生。有一定基础并按照我的方法认真做的学生，都取得了很好的成绩。

第一个技巧，做真题、研究真题。

一定要提前做我们将要应试的那场考试的前一年的真题。如果我们是来自北京市海淀区某学校的初一学生。在初一期末考试之前，我们就要提前把近两年海淀区初一期末考试的各学科真题试卷做一遍，然后研究这些考题。如果有充足的时间，我们还可以把北京其他地区的真题试卷也做一遍。

当我们面临的是一些大型选拔性考试的时候，如中考、高考或者某个专业的考试，我们不仅要做前一年的真题，还需要做前三年甚至五年内的真题。

真题里的题目代表了我们要参加的这场考试的考试难度和考试方向。做了这些题我们就了解了题型，并且能知道大致的努力方向。这就是"知己知彼，百战不殆"。

有些同学不认同我的看法，他们认为，不应该做真题，那些考过的题是不可能再考的，做真题是浪费时间。这么说的同学还是不够了解考试这件事。虽然不可能出一模一样的题，但是考试总是换汤不换药，题型大致都是一样的，根本原理也都是一样的。做真题的目的不是为了押题，是为了通过做题了解自己的水平以及考试的难度和方向。

一旦我们通过研究真题找到了考试规律和考试方向，结合自己的易错点，找出自己的不足，并加以训练，那么我们考高分的胜算就更大了。

在这里，我要特别强调"针对易错点，要进行专项训练"。例如，英语考试前，我们做了好几套英语真题，都是阅读理解的错误比较多。那就需要多做一些阅读理解的专项训练题，然后总结错误原因。最后，还要把所有不认识的单词查出来，摘抄到本子上并反复记忆。

第二个技巧，把自己当考官，给自己出题。

等我们研究完了真题，也找出了自己的易错点，做好了专项训练，那就让自己当一次考官，自己给自己出题。假设一下，如果我们是考官，我们会怎样出题，出什么样的题？

出题的时候，我们要尽量做到面面俱到，尤其要多出几道我们不擅长的题，出完题再把试卷做完。

把自己当成考官的好处是：我们会用全局思维看待一场考试，它有助于我们回忆起所有的重点知识。如果前面我们已经有了研究真题的经验，我们出的题就会比较专业。如果我们从来没给自己出过一套完整的题，那就现在试试吧，我们会因此提高考试做题的准确率。

这两个技巧同样适用于大学考试、成人考试甚至一些国际性考试。例如，我大二的时候就一次性通过了日语专业要考的 JLPT 的最高级（类似于英语系的专八），大多数日语专业的同学都是大四才能通过这个考试，甚至还有一些同学直到毕业都没有通过这个考试。

其实，我当时大概准备了一个月的时间，每天抽出两小时的时间去研究真题，然后再去做专项训练，自己给自己出题，后来考试就一次性通过了。

与此同时，同学们，你们千万不能忽略我平时的努力和积累，但是我在考前一个月通过研究真题，确实提高了做题的准确率！

11.4　应试技巧：颠覆你认知的答题策略

11.4.1　你是先做简单题还是难题？

考试的时候，你是习惯先做简单题还是难题？

我先说说我以前的考试经历吧。由于试卷大多是由易到难的顺序，我在考试的时候，也从来都是按由易到难的顺序做题。

我甚至从来没考虑过"应该先做简单的题还是先做难题"。老师们也从没说过这个问题，也许老师们和我一样，理所当然地认为，做题就应该是由易到难啊！

直到有一天我看了一本书，叫做《学习之道》，作者芭芭拉·奥克利告诉我们：考试要先把难题圈出来，先做难题。

先做难题？这可能颠覆我们的认知了！毕竟我们平时经常被教育，先保证把会做的题都做对，把最容易得的分数都拿到手。

现在我们再来回忆一下前文所讲的大脑的工作模式。大脑有两种工作模式，即专注思维模式和发散思维模式。这两种思维方式是并存的，而且还可以同时启动、同时工作。

接下来，我们利用大脑这两种工作模式，开始实操"先做难题"策略。

拿到试卷后，快速浏览一遍试卷，先把难题圈出来。这时候，我们开始专注地做难题，我们的大脑启动了专注模式。但此刻，我们的发散思维还在休息或者做一些跟考试无关的工作。

做到一半，我们被这道难题卡住了。无论我们怎么想都没思路。这时候要有时间观念，不要一直苦思冥想，因为考试是有时间限制的。我们需要停下来，去做几道简单的题。简单的题会给我们成就感，也会让我们放松下来。此刻，我们的专注思维正在做简单的题，而我们的发散思维也开始自动启动，在后台研究刚才卡住的那道题。这时候大脑的两种思维模式就开始同时工作了。

等我们做完简单的题，再重新做难题的时候，之前被卡住的思路会越来越通顺，甚至可能会有新思路。最重要的是，我们不再觉得这道题很难、很陌生了，解出来的概率会大大提高。

另外，同学们，先做难题的策略中有三点需要特别注意。

第一，在卡住的时候及时停下来。第一次做这个难题时，不要浪费过多的时间。卡住的时候，恰恰是应该启动发散思维的时候。

第二，平常练习的时候多使用这个策略。我们可以在做真题或者模拟试卷的时候常用这个策略。这个策略用多了，熟能生巧，发散思维的工作效率也会越来越高。

第三，这个策略不适合什么都会的同学，也不适合什么都不会的同学。因为，对于他们来说，试卷上所有题目的难度是一样的。

讲到这里，我还要告诉大家一个好消息。自从我学会了"先做难题"的策略后，我把它教给了很多学生，他们都说非常有效，尤其是在做数理化试卷的时候，做题效率和质量大大提升，分数也自然随之提高了。

不仅如此，我现在也经常使用"发散思维"提高工作效率。比如，我在写这本书的时候，虽然正在写作第十一章，但我会提前看第十二章里列好的提纲，让发散思维提前构思第十二章需要填充的素材。

等到我写第十二章的时候，就会很顺利地写作，不需要再苦思冥想。这可真是太节省时间了。

我们不妨在拿到语文试卷的时候，也看看作文题目是什么。先试着写一个大纲，再去做其他题。这样等到我们写作文的时候，就不需要再绞尽脑汁地想如何把作文内容写得更饱满。我们在专注地做别的题的时候，我们的发散思维已经开始悄悄在大脑后台工作了，它肯定已经为我们准备了很多素材。

11.4.2 考试陷阱："车辙思维"

同学们，你们考试的时候做完题，会检查吗？检查完以后，仍然会犯原本不该犯的错误吗？

在考试结束核对答案的时候,很多同学都会一拍脑袋说:"哎呀,这个题怎么错了?我本来会做的,真是太马虎了,当时都没检查出来!"其实,这不仅仅是因为"马虎",他们很可能是掉进了"车辙思维"的陷阱。

"车辙思维"是指,我们的大脑因为已经习惯了沿着某些神经通路运行,导致我们的思维方式被套牢,不能灵活地做出改变。

例如,我们曾经做错过一道题,如果不用改错本记录并且反复记忆,我们很可能还会犯同样的错误,因为我们的大脑已经习惯了这种错误的解题方式。这就是学习中的"车辙思维"陷阱。

考试的时候,我们常常按照自己最习惯的答题方式去答题。等到答完题再检查的时候,我们通常还会沿用刚才做题的思路继续检查。如果这道题我们恰巧做错了,用同样的思路来检查,答案肯定还是错的。

总之,我们在做检查的时候,大脑会欺骗我们,它会默认第一次的方法是对的。因此,我们必须要打破第一次做题时候的思维。

怎样才能打破"车辙思维"呢?

第一,答完试卷做检查的时候,尽量换另外一种解题思路来核对答案是否正确。

第二,在检查试卷的时候,有意识地、短暂地放松一下大脑。例如,眨眨眼睛,看一下窗外,然后再带着全新的眼光去审视试卷。

第三,打乱检查顺序。不要按照做题的顺序检查,跳着检查题目也有利于打破惯性思维。

11.5 临场不乱：如何应对考试中出现的焦虑

11.5.1 考试的时候我真的很紧张

那是一次英语期末考试，王铭铭做听力题的时候，被两道题卡住了，对话内容他没听明白，答案拿不准。听力题还没播放完，铭铭就慌神了，所以，后面的听力题他明明能听得懂，也被紧张的负面情绪影响了。

铭铭很慌乱，做后面的题时，他变得越来越紧张。等到做阅读理解时，他紧张得脑子一片空白，只好连蒙带猜地先把题做完了。最后的结果可想而知，这次英语他考砸了。

像铭铭这样，在考试中途遇到了不会做的题就乱了方寸，进而导致做后面的题目时发挥失常，实在是太可惜了。

11.5.2 三招教你如何缓解焦虑

考试的时候，大多数同学都会有些紧张的情绪。尤其是当我们面对中考、高考、竞赛类的大型选拔性考试的时候，更是难免焦虑。如何缓解考试时的焦虑情绪呢？现在，我来教大家三种缓解考试焦虑的方法。

1. 提前感受考试氛围。

在面临中考、高考等选拔性考试的时候，我们可以提前几天到考场看看，进行"实地体验"，熟悉一下考场周围的环境。

据脑科学家研究，这样更有利于大脑提前做好"考试排练"，能有效减少答题以外其他的事所带来的精神压力。

2. 物理方式激励自己。

有的人可能会因为考试压力大，在考试前一天失眠，导致头脑昏昏沉沉。最有效的方式是考试前去洗手间用凉水洗洗脸，这样的物理刺激方式能让我们的大脑保持清醒。

另外，据脑科学家研究，睡不着的时候大脑也可以休息。只要我们能保证在休息期间不给大脑输入任何信息，即便是睡不着，大脑也同样能得到休息。

如果考试前一天我们失眠了，那就别看手机，别翻书，别听音乐，尽量放空自己。就这样静静地躺着，也能使大脑达到休息的目的。

3. 学会深呼吸。

考试中遇到不会的题，可能只是暂时卡住了。别忘了我们的发散思维会在大脑后台帮助我们，也许待会儿就有思路了。这时候先专注于做其他会的题目，并保持镇静。

保持镇静有个好的方式，那就是深呼吸。研究表明，我们平常的呼吸都属于浅呼吸，浅呼吸不能给我们提供足够的氧气。一旦氧气不足，我们就容易感到恐慌。平常有意识地多练习深呼吸，到了考场，一旦我们觉得情绪不稳定，马上进行几次深呼吸。氧气多了，我们的身心就会趋于平静。

11.5.3 糖果的奇效

我还有一个备考妙招要分享给大家：遇上大型考试时，一定要带上一些糖果，每场考试前都吃几颗糖。

大脑非常需要能量，而且它只能吸收最容易转化成能量的葡萄糖。果糖被身体吸收后，马上就能转化成大脑的营养源——葡萄糖。

换句话说，补充葡萄糖能让大脑迅速活跃起来，因此，考前吃几块糖更有助于我们保持清醒的状态。

另外，咖啡也是一种能使大脑清醒的神奇的物品，考试前不妨喝一些咖啡。当然了，我们还可以在咖啡里放一点糖，效果会更好。

第12章

卓越:成为学霸的路线规划图

12.1 揭秘学霸：成为学霸的必要条件

12.1.1 我想对天下的父母说

在本书最后一章，我将重点给大家讲解成为学霸的路线图。这一章的内容更适合父母带领孩子共读。成为学霸，需要父母和孩子"双向奔赴"。只有孩子愿意学，父母愿意引导和帮助，孩子才能成为学霸。

我们在这里不讨论学校教育和老师对孩子的影响，因为学校的教学环境、教学大纲和教学进度属于客观因素，不以我们的意志为转移。同一个班级里，既有成绩好的学生，也有成绩不好的学生，这也说明了我们自身的付出和努力更重要。成为学霸，不在于学校教了我们什么，而在于我们在学习上付出了多少。

家长也必须明白一个道理：想让孩子成为学霸，只靠孩子一个人单打独斗，成功的可能性很小。

不排除有些孩子靠自己也学成了学霸，但那是极少数的案例。有些自学成才的学霸，虽然家长没有花太多时间辅导孩子的功课，但是他们也会花时间培养孩子的兴趣和学习习惯，并且能用积极有效的方法鼓励、引导孩子自学。从这个角度来看，家长在背后也是悄悄付出了很多的汗水，孩子也并非在单打独斗。

从教这些年，我所教过的学霸的家长都非常重视孩子的教育。他们往往都非常用心地从早期阶段就开始培养孩子的学习兴趣和学

第 12 章 卓越：成为学霸的路线规划图

习习惯。他们会主动学习育儿知识、学习方法，然后再去有效地帮助自己的孩子。

我想告诉各位家长，如果你想让孩子成为学霸，你就要在早期及时履行带孩子成为学霸的责任。早期需要有多早？我的答案是越早越好。

如果家长逃避培养孩子学习兴趣和学习能力的责任，孩子即使学不好、考不到好成绩，家长也不能把责任全部推给孩子。我经常和身边的家长朋友们说：家长的学习力是孩子进步的天花板。

至于家长什么时候开始带领孩子学习、什么时候可以放手，后文我会根据孩子的不同年龄阶段给大家做讲解。

另外，我还想对各位同学说：如果你想成为学霸，你也要主动学习、自强不息。总是靠家长推着学，不是长久之计。很多学习方法需要你自己去钻研和实践才能有效果。你只有用心、用力，才能学有所成。

最后，我想告诉大家一个事实：没有天生就学习好的同学。就算你天生有才华、悟性高、聪明、记性好，如果不去学习，也就没有机会成为学霸。先"学"才能称"霸"。

谨记成为学霸的前提——去学习。

12.1.2 学霸是这样炼成的

李妍妍今年上初一，自小学一年级起她就是人人称赞的学霸，她的成绩总是稳居全年级前三名。小升初的时候，她升入了本地最好的初中。虽然初中高手如云，但她仍然名列前茅。

别人都夸妍妍天资聪颖，是块学习的好料儿。可是妍妍的成绩好，真的只是因为她的天赋比别人更胜一筹吗？

其实在大家看不到的一面，妍妍和她的父母都默默付出了很多努力。

先说妍妍的父母。妍妍妈妈自从怀孕就开始看各种育儿书和儿童心理学著作,并经常和有经验的老师、父母讨论育儿问题。

妍妍两岁起,她的父母就开始带她进行亲子阅读。不论下班多累,他们都会坚持带她一起读绘本。他们共读的绘本和书籍涉及面非常广,包含数学、英语、历史、国学、天文、地理、艺术等。这给妍妍的各学科启蒙打下了坚实的基础。亲子共读一直持续到妍妍上二年级。

另外,妍妍的父母还经常和孩子玩一些益智游戏。这些游戏培养了妍妍的学习兴趣,引导她探索未知、热爱学习。

上小学后,因为知识积累多、学习习惯好,妍妍自然而然成了班级里的小学霸。同学羡慕、老师夸奖,她因此更受鼓励。得到了夸奖后,妍妍越来越爱学习了,对自己的要求也越来越高。妍妍上课认真听讲,课下积极完成作业,做好复习和预习,进入了一个良性循环的自主学习状态。

听完妍妍的故事,你还觉得学霸是天生的吗?你可以采访一下身边的学霸,问问他们背后付出了多少努力。不是"天赋"成就了学霸,是因为"努力"才能发挥"天赋"。

12.1.3 天赋到底是什么

我刚当老师的时候,也经常被"天赋"这个词困扰。

有时候,我认为天赋很重要。确实存在一些天赋很好、表现出众的学生。例如,我讲完一个知识点,同样年龄、同一个班级的孩子中,总有个别孩子能够迅速学会并且举一反三。不夸张地说,别的孩子五六个小时才能学会的,他可能不到一个小时就能学会。

有时候,我又认为天赋不重要。因为我亲身教过的学霸孩子,往往不是看起来最聪明、智商最高、最有天赋的学生，而是肯持续努力学习、肯下功夫的学生。

那时候我虽然在天赋到底重要不重要这个问题中摇摆不定，思考不出头绪，但我能确定，持续努力学习肯定比天赋更重要。

直到我看完美国著名心理学家艾利克森写的《刻意练习》，我对"天赋"这个词的认知更加清晰透彻了。

心理学家艾利克森通过大量案例研究得到了如下结论。

1. 天赋好在学习的初期（最初的两三年）确实很重要。例如，刚接触一门知识，有的孩子学得快，有的孩子学得慢，差异很明显。但是随着时间推移，那些天赋不高的孩子通过持续性努力学习，也能赶超上来，年龄越大，天赋的影响越小，乃至完全消失。

2. 遗憾的是，天赋好、智商高的孩子虽然学习能力强、学习知识快，但这会给他们带来"不用努力就能学好"的体验，因此不会重视"努力"。最后，他们往往被那些天赋一般，却始终进行刻意练习的同学赶超。

3. 通过以上两个结论，我们可以肯定的是，从长远来看，占上风的是那些学习更加勤奋的人，而不是那些一开始在天赋方面稍微有优势的人。

4. 可以换个角度看待天赋和基因问题。比如，拥有绘画天赋的人，很可能是因为她有"因为热爱绘画，因此更爱练习绘画"的基因，所以她能画得更好，而不是自带"画得好"的基因。

5. 练习是决定某人在某个特定领域或行业中能取得成就的唯一重要因素，即使基因可能也会在其中发挥作用，它的作用也终将慢慢消失。

12.1.4 用西蒙学习法战胜"天赋"

因此,从长远来看,天赋不是最重要的,最重要的是刻意练习。而西蒙学习法是最适合战胜"天赋论"的学习方法。

西蒙学习法的核心是持续学习一门学问,中途不放弃,直到学会为止。

如果我们自认为有天赋,学知识快,也不要骄傲,而要更加重视平时的练习,做到持续学习,这样我们会爆发出更强的学习力量,取得更好的成绩。

如果我们学知识比别人慢,也完全不用着急,只要我们想学、有心学、坚持使用西蒙学习法,就一定能学会、学好。

如果我们的竞争对手是某个天赋好的同学,这也不可怕,我们只需要更加勤奋地学习,最后也能超过他。最可怕的是竞争对手既有天赋,又肯坚持努力学习。恕我直言,这样的同学并不多见。如果我们遇上这样的对手,我们只能在刻意练习上再加倍努力。

不过,学习是一个长久的过程,短期内真的没必要跟别的同学比,最重要的是我们有没有全力以赴去努力。如果我们已经用了十分的力气,做到了最好的自己,又何必在意有没有超过别人呢?

12.2 启蒙之初:"NRS"父母伴读学习法

我是一名幸运的老师,有幸教过幼儿园阶段的幼龄孩子,也教过中小学生。因为学生的年龄跨度从 2 岁到 18 岁,这也让我有机会观察到同龄孩子之间的差异,也能观察到不同年龄阶段孩子的特点。

这一节我将主要给大家讲解 0～6 岁孩子的启蒙学习。古人云

第 12 章　卓越：成为学霸的路线规划图

"3 岁看大，7 岁看老"，意思是说，从 3 岁孩子的个性倾向，就能看到这个孩子青少年时期的形象雏形了。这也提醒我们，孩子的早期教育非常重要，7 岁前的教育质量将会影响孩子以后的生活和学习质量。

12.2.1　对"快乐教育"的误解

王妙妙的父母在她上小学前一直奉行"快乐教育"的理念。

王妙妙出生后，妙妙的父母从没想过怎样培养妙妙。他们从没有看过育儿书，更别提培养孩子的学习兴趣了。如果说他们有教育理念，那就是"快乐教育"的理念。

看到别的父母都带孩子进行亲子阅读或者学习，他们却说："孩子还这么小，就应该玩，现在不让他们玩够了，等上了小学就更没时间玩了！"所以，妙妙想怎么玩就怎么玩。

妙妙父母白天上班没时间带孩子，妙妙都是由爷爷奶奶照顾。爷爷奶奶爱看电视，妙妙也跟着随便看。爷爷奶奶爱看手机短视频，妙妙也喜欢上了看手机短视频。

到了上幼儿园的年龄，妙妙的父母给她选了一家口碑很好的私立幼儿园，他们认为这个幼儿园的课程丰富，孩子能学到很多知识。但是妙妙的父母还是不怎么关心她的学习。看见别的家长带孩子进行亲子阅读或者学习知识，妙妙妈妈却认为，幼儿园里都教过，没必要再学了。

终于，等妙妙上小学后，妙妙的父母才觉察到教育孩子没他们想象的那么简单。最让妙妙父母头疼的是，刚一年级，他们就经常被老师找。老师说妙妙在学校里的表现不好，上课不注意听讲，拼音和认字学得慢，算术学也学得慢……

而妙妙放学回家后却不想做作业，还想像以前一样看她最喜欢的动画片。父母辅导她写作业的时候又催又吼，鸡飞狗跳。妙妙的自信心也受到了打击。

妙妙父母奉行"快乐教育"的理念，本想让孩子轻松、快乐，没想到孩子上了小学反而变得这么不快乐。

这时候，妙妙的父母才意识到自己错过了很多教育机会。他们说，如果能重新来一次，一定会更重视培养妙妙的学习兴趣和习惯。

12.2.2　学习也可以很快乐

在我看来，妙妙是个聪明伶俐的女孩，只是因为父母前期不重视培养她的学习兴趣和习惯，所以她上学后表现得不够好，越来越没自信。有些新手父母缺乏对"快乐教育"的正确理解，他们认为，快乐教育就是放任孩子随便玩。

让孩子追求快乐是正确的，每个家长都希望孩子能够快乐。但是并不是带孩子出去玩或者任由他们看动画片、看手机就能让他们感到快乐。

"快乐"这个词是很广泛的。陪孩子一起共读绘本、一起做实验、一起做手工、一起学习都可以让他们很快乐。父母可以多学习一些既能让孩子感觉很有趣，又能让孩子学到知识的亲子游戏。

孩子对这个世界充满了好奇心，他们天生会学习，也热爱学习。但如果父母没给孩子提供学习的土壤，只是单纯地带他们"傻玩"，孩子就没有机会体验学习的乐趣。

学龄前的这六年的时光稍纵即逝，对于孩子的早教启蒙来说非常宝贵。这段时间父母如果做好了兴趣启蒙和学习习惯的培养，不仅能让孩子顺利地适应小学生活，还会赋予他们未来人生不断前行的动力。

12.2.3 "NRS"父母伴读学习法的三条原则

通过这些年一线教学的经历，我结识了很多父母，并给他们答疑。我发现那些没有给孩子做好启蒙教育的父母大多可以分为以下两类。

第一类父母：不知道早期启蒙的重要性，因为不学习育儿知识，也不看教育类的书，所以不重视。如前文我们所讲的妙妙的父母。

第二类父母：虽然知道早期启蒙的重要性，但是忙于工作，陪孩子学习的计划总是一拖再拖，最后就错过了孩子的最佳启蒙期。

那些忙于工作、不愿意高质量陪伴孩子的父母的台词是这样的："上班很辛苦，下班后还要抽时间陪孩子，太累了。"

但是换个角度想，高质量陪伴孩子并不是一件很难的事，反而是一件很幸福的事。陪伴孩子久了，父母会发现陪孩子一起学习也是一件非常有乐趣的事，父母还能体验和孩子共同学习、共同成长的经历。更何况，在学龄前这段时间，孩子是最需要父母陪伴的。等孩子慢慢长大，就算是父母想陪伴他们，他们也不一定再需要父母了。

如何才能高质量陪伴孩子？我给父母介绍一下非常好用"NRS"父母伴读学习法。用好了这个方法，任何父母都能高质量地陪孩子。

"NRS"分别代表三个词："Nature""Reading""Subject"。

第一，"N"指的是"Nature"，带孩子亲近大自然。

带孩子亲近大自然有很多好处。大自然宏伟美丽的景色不仅能使孩子的胸襟更广阔，还能让孩子增长见闻、强身健体。父母一定要多带孩子去有山、有水、有树林、有花、有草、有动物的地方。

在大自然里，父母充当的是"导游"的角色，带孩子看看植物、闻闻花香、听听鸟鸣，让孩子在大自然中自由探索。还可以给孩子讲讲生物学、数学、古诗等知识，让孩子边享受大自然，边学习知识。比如，看到了柳树，父母就可以给孩子讲讲柳树的生长环境和特征，可以数数一共有多少棵柳树，还可以顺便给孩子讲讲古诗《咏柳》。

我经常听到有的家长有类似的抱怨："我们开车四五个小时带孩子去某个景点玩，结果到了那里，孩子看见沙子就走不动了，一直挖沙子。早知如此，还来这么远的地方干嘛呀？在家门口的公园里也能挖沙子。"

其实，带孩子亲近大自然，不一定要去多么远的地方，也不一定要去旅游景点。哪怕是去附近的公园、田野，孩子也一样能玩得很开心。

第二，"R"指的是"Reading"，带孩子一起读书。

亲子共读是高质量陪伴孩子最好的方法之一。早期亲子共读虽然短时期看不出效果，但会在孩子的心里埋下一颗热爱阅读、热爱学习的种子，更会给孩子德育、智育、美育等发展奠定坚实的基础。不论是西蒙，还是其他有所成就的人，都在很小的时候就开始读书了。

关于培养学龄前孩子的阅读兴趣和习惯，我有太多想讲的，但是限于篇幅，这里就先讲最重要的三点。

首先，不要有太强的功利心。

有些父母带两三岁的孩子初读绘本的时候，就要求孩子会认识里面的字或者掌握里面的知识，这些都是功利心太强的表现。不要忘了，刚开始带孩子阅读，父母要培养的是孩子的阅读习惯和兴趣。急于让孩子背书、记知识，会引起孩子的反感，不利于培养孩子的兴趣。

其次，要多给孩子读他们感兴趣的绘本。有时候孩子在听父母讲绘本的时候不用心听或者很排斥，这很可能是因为孩子对绘本的内容不感兴趣。这时候父母要给孩子提供大量的、更多的绘本，让他们能选择自己喜欢的绘本，并从中找到阅读的乐趣。有些家长总是给孩子贴标签，和我抱怨自己的孩子不喜欢读书。我一问，他们家里往往只有几十本绘本，而且还都是孩子不喜欢的类型，这如何能培养孩子的阅读热情和阅读习惯呢？

最后，父母自己也要多看书。

榜样的力量是无穷的，孩子看到父母在读书，自己也会对书充满好感和好奇心。孩子往往是父母的镜子，如果父母自己沉迷于看手机，孩子也会喜欢看手机；如果父母喜欢阅读，孩子也会喜欢阅读。

有些父母因为"偷懒"，或者是因为早期阅读看不到立竿见影的效果，就放弃了陪孩子读书的习惯，这是陪伴孩子过程中最大的遗憾了。

第三，"S"指的是"Subject"，带孩子做好各学科启蒙。

我把0～6岁的学科启蒙分为德育、智育、体育、美育、劳育五大部分。在这五大部分的启蒙教育中，体育、美育、劳育这里就不再赘述，重点给大家讲讲德育和智育。

德育这个话题比较广泛，最好的教育方式是父母以身作则、言传身教。例如，可以通过讲故事的方式多给孩子传授做人、做事的智慧。

另外，父母要学会发现教育的机会，父母或者孩子遇到了困难或者犯了错误的时候，正是和孩子一起讨论的好时机。

如果要把智育细分的话，包含很多学科。因为学龄前的孩子和父母的时间、精力都有限，可以重点在数学思维启蒙、国学启蒙、外语启蒙上下功夫。这几个科目父母既容易上手，又能提前给孩子上小学做铺垫。但是，每个孩子的天赋不同，家庭情况不同，不一定要把我说的这几个科目列为重点，父母可以根据不同的家庭情况做调整。

这些学科类启蒙的学习方法有互通的地方。总结如下。

1. 在阅读中启蒙。

这个时代，启蒙资源非常丰富。父母应该高兴的是，几乎所有学科都有相对应的经典绘本。给孩子提供丰富的绘本，带孩子学习会非常方便。比如，父母想让孩子学数学，就有很多经典类的绘本适合孩子边看边做趣味数学题。

另外，有些学科还提供了分级阅读的绘本，比如，有些英语绘本按照难度划分了等级，非常科学。

2. 在游戏中启蒙。

爱玩游戏是孩子的天性。结合孩子的爱好，父母可以设计一些有趣的亲子游戏。比如过家家扮演法，让孩子扮演小老师教父母各学科的知识。

3. 随时随地启蒙。

带孩子去任何一个地方，都可以学知识。比如，出门的时候可以引导孩子看广告牌上的大字，以此来激发孩子的识字兴趣。坐公交车或者地铁的时候，数数一共有几站，两个站中间差几站，这样就是数学思维的启蒙。

孩子的知识积累，并不是短时间就能出成果的，这需要父母寓教于乐，日积月累，最终孩子会懂得越来越多。

家有学龄前孩子的父母只要遵循"NRS"伴读学习法的三条原则，坚持陪伴孩子学习，就一定能帮助孩子做好科学的早期启蒙。

第 12 章 卓越：成为学霸的路线规划图

12.3　小学阶段：习惯回路让孩子脱胎换骨

这一节我将给大家讲解学霸路线规划图里的小学阶段。小学阶段的孩子，随着年龄逐渐增长，慢慢会有独立自主的观念。虽然他们不再像幼龄孩子那样需要父母大量时间的陪伴，但依然需要父母的持续关爱和引导。在这个阶段，父母最重要的一件事，就是帮助他们养成良好的学习习惯。

12.3.1　为什么有些孩子会很"娇气"

张文博的妈妈一提起孩子的学习就很头疼。文博今年上五年级，课后写作业非常拖沓，而且在家从来不主动学习，父母只要让他学习，他就会喊累。

文博父母认为五年级的大龄孩子应该可以积极主动地学习，规划自己的学习和生活了。但文博做不到，他们也因此非常着急。

文博妈妈苦口婆心地劝文博，给他做思想工作，希望他能积极地完成作业，并主动学习。但文博把妈妈的话全都当耳旁风，写作业时该磨蹭还是磨蹭，还是从来不主动学习，只要一学习就喊累，总得爸爸赶着，妈妈催着。最后，气得文博爸爸只能对他又吼又骂，有时候甚至还大打出手。可是打骂并不管用，这让文博更加叛逆，更听不进去父母说的话。

文博父母非常羡慕邻居家的孩子王潇。王潇每天放学都是自己积极主动地完成作业，还主动看课外书，进行拓展学习。文博父母一致认为，自己家的孩子就是天生不听话、不好管、太娇气了。

一写作业就喊累的"娇气"孩子，是天生的吗？答案必然是否定的。主要原因是文博的父母在他低年级的时候，没有帮助他养成好习惯。

文博在低年级的时候，学校作业很少，最后一节自习课就能完成，放学回家后几乎没有作业了。文博父母也从来不"开小灶"，额外给他布置一些复习和预习的任务，更没有引导他多读课外书或者学一些课外拓展的内容。所以，文博放学后，不是在家玩玩具，就是看电视、看手机，或者在楼下和其他小朋友玩耍。

可以说，低年级的时候，文博放学回家后几乎就没有学习的习惯。他习惯一回家就打开电视，跟爷爷奶奶要手机玩，或者下楼玩耍。

到了高年级，文博的作业逐渐多起来，因为前期没有养成做作业的学习习惯，所以他现在做点作业就嫌麻烦、嫌累。

最令父母着急的是，现在功课难度增加了，文博依然没有预习和复习的习惯，这就导致他跟不上现阶段学校里的学习内容。对于文博来说，功课很难，他就只能磨蹭和逃避。

由此可见，在孩子上低年级的时候，帮助孩子养成好的学习习惯是多么重要。对于那些没有养成良好学习习惯的孩子来说，做点作业就会让他们觉得很苦、很累。

12.3.2 内驱力和外驱力

很多家长只想唤醒孩子的内驱力，却常常忘记先使用外驱力。

所谓的唤醒孩子的内驱力，是指让孩子发自内心地热爱学习、主动学习。做到这一点，既需要父母花大量的时间和精力引导，又需要教育契机，对父母的能力素养的要求也很高。父母不如先把时间用在更省力的外驱力上，既操作简单，还省时省力。而且，外驱力和内驱力相辅相成，外驱力还能转化成内驱力。

所谓的使用外驱力是指父母先给孩子"加油"，鼓励和引导孩子去学习，激发孩子的学习力，帮助孩子养成好习惯。等孩子养成了好习惯，就不用再发愁孩子的自学能力和学习成绩了。

接下来，我将给大家讲讲小学阶段如何轻松利用"习惯"这个外力，帮助孩子成为学霸。

我们经常把"习惯"二字挂在嘴边。但是很少研究它，甚至对它的力量一无所知。其实，只要我们弄清楚了习惯的力量，我们甚至可以让自己的人生脱胎换骨。

同样，作为一个学生，如果你能了解习惯的力量，并且能很好地利用它，你就能比较轻松地成为学霸。我在这里特意用了"比较轻松"，意思是没有人可以随随便便成为学霸，但是，也确实有一些轻松的方法和路数。

12.3.3 尤金实验：假如我们丧失了记忆

1993年秋，加州大学的著名科学家拉里·斯奎尔为我们打开了一个新世界。斯奎尔在过去的30年里，一直在研究记忆神经解剖学。他通过和一个名叫尤金·保利的被试者合作，重塑了我们对习惯运作机制的理解。

尤金·保利是一位特殊的失忆患者。对尤金的大脑和行为做研究的时候，他71岁，因为一些原因，他只能记住自己人生前40年的经历，后30年的经历全部都忘了。

尤金的记忆只能持续1～40分钟，例如，40分钟前尤金刚吃过饭，40分钟后他就完全忘了是否吃过饭，更别提他是否还记得吃过什么。

尤金喜欢散步，每天他都会和妻子贝弗利一起出门散步。在研究过程中，斯奎尔问尤金是否记得散步的路线，尤金摇头说不记得。斯奎尔尝试让尤金在纸上画出他家附近的地图，尤金无论怎么回忆，也想不起来。由于尤金不记得自己家的位置，斯奎尔嘱咐尤金的妻子，千万不要让他独自一个人出去散步，否则他会走失。

但是，有一天，尤金没有等贝弗利，就自己出门去散步了。贝弗利非常着急，匆匆忙忙地去外边到处找尤金，但是哪里都没有找到。等她回到家，却发现尤金已经坐在家里的沙发上了。

妻子贝弗利问他去哪儿散步了，尤金回答说已经不记得了。但是妻子看见他带回来放在桌子上的松果，就已经大概知道他独自散步的路线了。

奇怪的是，尤金已经没有记忆能力了，但是他依然能够顺利地找到家。这是为什么呢？

原因就是习惯的力量把他带回了家。习惯驱使着他去散步，也能让他顺利地找到回家路线，他甚至都不知道这是怎么发生的。

斯奎尔的研究让我们看到，有些人即便已经失去记忆或者丧失了记忆的能力，但他们身上依然会出现各种复杂的习惯，这些习惯在无记忆的时候就能驱动他们去完成一些重要任务。

因此，《习惯的力量》的作者查尔斯·都希格告诉我们："每个人每天都在依赖相似的神经过程生活，而人生不过是无数习惯的总和。"

我们每天做的大部分选择可能会被认为是深思熟虑的结果，但事实并非如此。据研究，我们每天的活动中，有超过 40% 的行为是习惯的产物，而不是主动做出的决定。

虽然每个习惯的影响看起来都比较小，但是随着时间的推移，这些习惯综合起来，却对我们的健康、生活、学习效率、工作效率以及幸福有着巨大的影响。

习惯是我们先深思后做出的选择，即使过了一段时间不再思考却仍继续、每天都在做的行为，这是我们神经系统的自然反应。习惯形成后，我们的大脑就会进入省力模式，不再全心全意地参与决策过程。

低年级的时候，看似孩子放学后不学习，只看电视、看手机、玩耍没什么太大影响。但随着时间推移，到了高年级，孩子就会被玩耍的习惯驱使，不愿意学习了。对于他们来说，一学习就喊累是正常的，因为他们不习惯学习。

与之相反，那些一、二年级就被父母要求每天固定时间看书、学习的孩子，慢慢地会把放学后的学习当成一种习惯。他们不会觉得学习这项任务很累，甚至会被习惯驱动，放学后主动学习，这就是养成好习惯的结果。

所以，整个小学阶段里，父母最应该做的一件事就是培养孩子良好的学习习惯。

在孩子低年级的时候就开始培养学习习惯会更好。比如，早睡早起的习惯、早晨晨读的习惯、使用 ABC 时间管理法的习惯，或者每日必做某件事的习惯等。

我女儿每天必做的五件套是：读英文课外书、中文课外书、复习和预习校内功课、弹钢琴、运动。这些习惯是从她 5 岁多时开始培养的。养成习惯之前，她就很喜欢读中英文课外书、做学科启蒙、运动，所以培养她这些习惯都很简单，只要每天坚持重复做这些她喜欢的事就行。但女儿唯独对弹钢琴有点排斥，后来我就降低要求，每天让她只弹 10 多分钟，而且我会尽量和她玩游戏，陪着她一起练，慢慢地，她不再排斥，也养成了弹钢琴的习惯。

这些微小的习惯，有时候能轻松养成，有时候则需要比较长的时间。所以在帮孩子养成好习惯的时候，家长一定要有足够的耐心，而且不要急于求成。

12.3.4 如何利用习惯回路原理

如果孩子现在已经上高年级了，并且已经养成了很多不良习惯，还能改变吗？答案是当然可以。

脑科学家们研究，只要我们了解自己的习惯回路，就可以改变根深蒂固的习惯，不良习惯可以被好习惯代替。

大家可以这样理解：每个孩子都有习惯，但孩子的时间与精力是有限的，有了坏习惯，时间就被坏习惯占据；有了好习惯，坏习惯就没时间来侵占孩子的行为。例如，用放学到家就写作业的习惯代替到家就看电视的习惯。

要想养成新习惯、改变旧习惯，先要了解属于孩子的习惯回路。

每个人都有自己的习惯回路，它由暗示、惯常行为和奖赏三部分组成。

第一步，暗示。指的是我们的大脑收到一个暗示的信号，可以是图像、声音、地点、时间、情绪。

第二步，惯常行为。指的是我们在暗示的指引下，不由自主地执行某种行为。

第三步，奖赏。我们执行这种行为后得到了相应的奖赏，奖赏又进一步促使我们继续该行为。如此反复几次之后，习惯就形成了。

所有的习惯回路都是通过上述三个步骤形成的，不良习惯也是如此。比如，孩子到家就打开电视的习惯、一看手机短视频就没完没了的习惯等。这些习惯如果已经根深蒂固，就需要父母干涉，帮助孩子一起养成新习惯来代替旧习惯。等孩子适应了新习惯，一切都会越来越好。

为了方便理解，我举个例子。比如，孩子有到家就打开电视的习惯，父母就用到家就阅读的习惯来代替。

第一步，父母把几本吸引人的书摆放到沙发或者茶几上，书的封面越吸引人越好。孩子看见书的封面很有趣，大脑就会发出暗示，提示他主动去拿。

第二步，孩子得到大脑的暗示，主动打开书翻看，这是一个惯常行为。

第三步，孩子看了书里的故事，认为读书很有趣、很开心，这就是奖赏。

久而久之，放学后，孩子越来越喜欢看书，并把它当成了一种习惯，只要回到家就要看书，这就是帮孩子建立了一个新的习惯回路。

已经养成不良习惯的孩子，没有足够强大的意志靠自己去改变习惯回路。他们需要父母的帮助，才能用新习惯代替旧习惯。在改变习惯的过程中，父母需要给孩子创造条件，帮助孩子发现生活中的暗示与奖励，这样就能尽快地形成好的学习习惯。

查尔斯·都希格说过一句话："你想让跑步变得轻松吗？你得让跑步变成你的日常活动！"

所以，同学们，你想让学习变得轻松吗？你得让学习变成你的日常活动！

12.4　初中阶段：不一样的青春期

这一节，我们主要讲解学霸路线规划图里初中阶段的孩子。对于父母来说，这一时期将面临和青春期阶段的孩子的沟通、相处问题，需要给予孩子更多的独立空间。

如果在启蒙期和小学阶段，孩子已经养成了好习惯，父母已经给了孩子足够的陪伴和引导，那么到了初中阶段，父母就可以逐渐放手了。

这个阶段的宗旨是信任孩子，不指责孩子，不再事事都管。当孩子遇到困难、需要帮助的时候，父母再提供帮助。

12.4.1　那次考试，他倒数第三

张小羽从小就是亲朋好友眼中的好孩子，学习成绩虽然不算十分优秀，但也一直保持中上等。最重要的是，小羽很懂事，待人彬彬有礼，放学后还经常帮父母做家务。

小羽的父母以为这样的情况会一直持续下去，但是，自从小羽上了初中以后，事情就慢慢地发生了变化。

小羽的脾气变得非常大，听不进去父母说的话，一言不合就和父母吵架。现在，他也不爱学习了。父母还发现小羽会趁着自己晚上睡着后，偷偷玩游戏，一玩就是一整宿，白天在学校又困得听不进去老师讲课。有一次，小羽爸爸气得动手打了小羽，但他更叛逆了，甚至拒绝和父母沟通。父子关系越来越紧张，基本处于无话可说，一说就吵起来的状态。

期末考试，小羽考得一塌糊涂，全班倒数第三。想当初，小羽也是一个相当优秀的孩子啊。

小羽妈妈认真反思后，决定不再大声责备孩子。因为她知道，那不仅是无效沟通，还会适得其反。

妈妈平静地对小羽说："咱们俩一起找找问题，看看是哪里学得不好。咱们一起规划，争取下次考好。"

就在这一瞬间，小羽被妈妈感动了，他本以为会挨一顿责骂，没想到妈妈会如此平静。

第 12 章　卓越：成为学霸的路线规划图

从那天起，小羽的情况好转起来，虽然一时很难改变学习成绩，但是他不再沉迷于打游戏，又恢复了上课认真听讲，放学后认真学习的好习惯。

12.4.2　青春期：孩子的硬反抗和软反抗

到了初中阶段，像小羽这样的孩子有很多。这个年龄段的孩子开始进入叛逆期，他们更崇尚"精神独立自主"，不再愿意听从父母的说教，更听不进去父母的批评和指责。

大家还记得掌管超能脑的前额叶吗？对于青春期阶段的孩子来说，他们大脑的前额叶还没发育好，往往还处于本能脑的支配之下，很容易做出看起来比较愚蠢的行为。

有的孩子到了青春期会表现出对父母的硬反抗。比如，父母让孩子往东，他偏偏往西。明面上就和父母对着干，动不动就和父母吵架，表现出对父母的不耐烦和不屑。

还有一些孩子虽然不在明面上反抗父母，但他们会软反抗。比如，有的孩子就像丢了魂一样，干什么都提不起精神，干什么都觉得没意思。还有的孩子偷偷背着父母无休止地玩游戏、看手机。

不论是软反抗还是硬反抗，父母都要先接纳孩子的这些叛逆行为，试着和他做朋友，理解他的行为。并做到逐渐放手，给予理解和信任。千万不要一味地指责孩子或者打骂孩子，这只能宣泄父母自己的情绪，解决不了孩子的问题。

要像小羽妈妈最后做到的那样，不和孩子对抗，不批评指责孩子，孩子反而会对父母敞开心扉。只有当孩子敞开心扉，父母才能知道问题出在哪里，帮助他们一起面对困难、解决问题。

12.4.3　主动改变，学会求助

我想对初中的同学说，现在你的学习能力、理解能力、记忆力都比以前更强了。如果想要提高学习成绩，只要遵循本书讲的学习方法，就一定能学有所成。可我最担心的是，虽然有好的学习方法，你却不愿意使用。

我认识一些同学，因为前期的学习基础不好，到了初中阶段就对自己没有信心了。他们不愿意尝试新方法，总认为自己不行。如果你恰好也是如此，请重建信心，把这些学习方法用起来，只有你主动改变，才有机会成为学霸。

另外，当某个学科靠一己之力学不好的时候，一定要寻求专业老师的帮助。

回想初中时代，我最后悔的是在学习的时候，从来没有主动寻求过老师的帮助。遇到哪个题不会解答，我就找身边会的同学请教，听懂了就过去了，也从不深究归纳，更没有做过专项训练。如果我能及时请教老师，老师一定会在学习策略上帮助我。

可能有的同学会问："你不主动找老师，老师不会找你吗？"要知道我们上初中的时候，一个老师教好几个班，一共教200多名学生。老师要教这么多学生，如果我不主动找老师，老师哪里有时间主动找我呢？

如今教育资源丰富，每个学生的身边都不乏优秀教师。你遇到困难时一定要主动做出改变，多请教老师，对于老师给的建议，你也一定要重视和听从。

12.5　高中阶段：全力以赴不留遗憾

12.5.1　高中谈恋爱会影响学习吗

李思思是班里的学霸，高一的时候，她每次考试都是班里前三名。

最近思思的父母发现她有点不对劲，比如，学习上有点心不在焉，上次月考成绩退步到班级第七名，这可是从来没有过的事。又比如，思思回到家喜怒无常，有时候看起来很开心，有时候情绪又很低落。思思妈妈怀疑孩子是早恋了。

于是，思思妈妈主动找女儿聊天谈心，问她最近怎么回事，是不是在学校里遇到困难了，有没有需要妈妈帮助的地方。但是思思总是不愿意沟通，总用"没事"敷衍妈妈，拒绝和妈妈深度交谈。

思思妈妈看到女儿成绩下滑，又不知道该做点什么。情急之下，她只好打电话找班主任张老师了解情况。

张老师正好也想跟思思妈妈聊聊思思最近的状态。通过这次谈话，思思妈妈的怀疑得到了证实，思思确实和班里的一名同学谈恋爱了。

张老师也是最近才发现思思在和班里的同学早恋，已经找两个孩子谈过心了。对于处理学生的早恋问题，张老师非常有经验，也很开明。她说，谈恋爱不是错误的，不能歧视早恋的孩子。

对于这些早恋的学生，张老师一向采取迂回战术。如果强行拆开他们，两个孩子更会铁了心在一起。不如引导孩子正常交往，互相鼓励，一起共同进步学习。

张老师告诉两个孩子："要保持良好的学习状态，保证不影响成绩。虽然早恋没错，但是高中学习时间紧张，如果大部分时间用来谈恋爱，肯定会分心。双方谁的成绩下降了，就代表他没有能力承担这份爱的责任。"

现在，思思的学习成绩已经下降了，所以这时候张老师相当于给了两个孩子打了一剂醒脑针。

12.5.2　恋爱脑科学

同学们，你们有没有发现，班里那些早恋的同学在谈恋爱后成绩很快就下降了，这到底是不是谈恋爱的错呢？

经脑科学家研究，我们的恋爱情感是由大脑里的一些部位的联动作用产生的。一旦发生联动作用，人脑就会被恋爱对象占据，除了喜欢的人以外，其他事物都会被大脑排除在外，包括在学校里学习的知识。

如此看来，恋爱还真是消耗大脑的一件事。难怪很多人都说："自从恋爱后，我的智商都降低了。"

所以，从脑科学的角度来看，恋爱后成绩下降是很正常的。

当然了，我也听说过一些极个别的案例——早恋后成绩提高了。比如，因为早恋，两个同学立志考上同一所大学，相互鼓励，勤奋学习，最终双双考上了理想的大学。但据我考察，这种情况很少。大多数学霸都是先把感情放在心里，把专注力都聚焦在学习上。

12.5.3　给自己加足马力

高中三年是我们学习生涯中最重要的阶段，我们将面临最重要的选拔性考试——高考。虽然说高考不能决定我们的人生，但是它决定着大学四年我们在哪里学习和生活。

很多成年人参加工作后回忆，高中三年是他们人生中学习效率

第 12 章 卓越：成为学霸的路线规划图

最高的阶段。可见这段时间很容易出成绩，当然也很辛苦。但是，等辛苦拼搏的这三年结束了，同学们也将收获巨大的回报。

在这个阶段，学习动机完全要靠同学们自己保持。虽然父母的支持也很重要，但父母已经不起决定性作用了。

另外，在高中阶段的同学们，一定要记住西蒙学习法里强调的"集中在一个点上用力"。同学们在这个阶段的目标是考上自己心仪的大学，要主动排除其他干扰和杂念，向着目标全力以赴，实现自己的理想。

总之，希望高中的你们，给自己加足马力，为理想而拼搏，高中三年不留遗憾。

后记

亲爱的各位大、小读者们：

到这里我们该说再见了。如果你们读了这本书能有所收获，或者有很多想对我说的话，我们也可以继续互动、交流。

能用半年的时间顺利写完这本书，我要感谢很多人。

首先要感谢这本书的主人公——西蒙教授。看完他的自传后，我总是为他终身学习的精神感动，他是真正的"活到老，学到老"的践行者。感谢他留给了我们这么多宝贵的科研成果，也感谢他提出了科学有效的学习方法，让大家在学习中少走很多弯路。

感谢《费曼学习法》的作者写书哥。是他鼓励我写这本书，并指导我写书要注意的事项。如果没有他的鼓励，我写书的计划还要推迟很久。

感谢我的学生家长和亲子英语阅读营里的家长。感谢他们多年来对我工作的支持、信任和配合。也正是他们的配合，让我拥有了这么多可爱又成绩优异的学生。

感谢这十多年来我教过的学生。他们有的已经长大，甚至像我一样成了老师。我曾经问他们："如果有一本书介绍的是如何学习才能成为学霸，你们会不会看？"他们都异口同声地说："当然会！"。当我告诉他们，我就要写这样一本书的时候，他们都很惊喜。我知道，他们都为我感到自豪和骄傲。

感谢我的父母，在我写书的过程中全力支持我，无微不至地帮我照顾女儿的学习和生活。因为他们全心全意做好了家庭后勤工作，我才能抽出时间和精力，踏踏实实地写完这本书。

感谢我的女儿。当她知道我要写书的时候，非常欢喜。她从来不在我写书的时候打扰我。这半年里，我几乎没时间陪她一起学习和玩耍，但是她从来都没抱怨过，她永远都是那么积极乐观、活泼开朗。能成为她的妈妈，我真是幸运极了！

感谢写书的这个过程。通过写书，我总结、反思了很多以往的教学经验。也想通了很多教学场景应该如何处理，才能获得最好的成果，这对于我来说是巨大的收获。同时，因为写的是学习方法，我自己的学习欲望也爆发了，我甚至想自学编程、人工智能这些我完全不懂的领域。只要掌握了学习方法，还有什么学不好的呢？

最后，我还要感谢自己。感谢自己从上大学的时候就下定决心从事教育行业。我喜欢孩子，喜欢教书，喜欢教育。感谢自己是个积极向上的老师，一直在不断地学习、提升自己。我会继续做学生和女儿的榜样，坚持学习，做个幸福的终身学习者！